스토리텔링 한나 아렌트

스토리텔링
한나
아렌트

사이먼 스위프트 지음
이부순 옮김

앨피
book

차 례

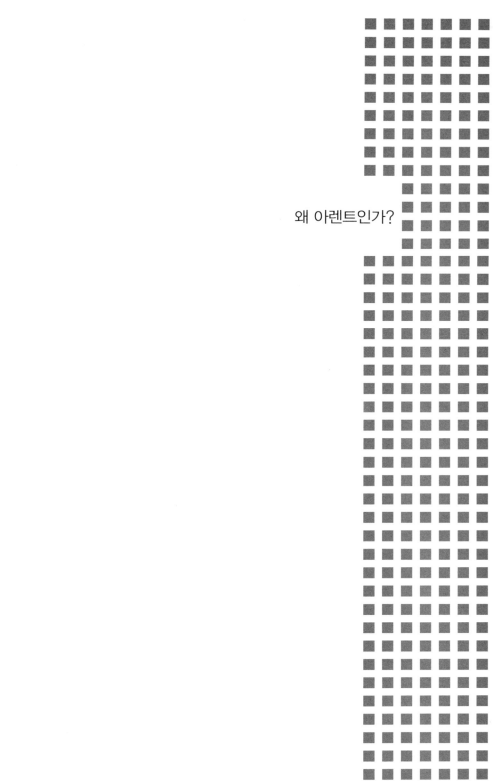

왜 아렌트인가?

■ 일러두기

아렌트 생전 혹은 사후에 출간된 저작의 약어 표기는 다음과 같다. 책 뒤 〈참고문헌〉 참조.

BPF   *Between Past and Future : Eight Exercises in Political Thought*
CR   *Crises of the Republic*
EJ   *Eichmann in Jerusalem : A Report on the Banality of Evil*
EU   *Essays in Understanding 1930-1954 : Formation, Exile and Totalitarianism*
HC   *The Human Condition*
JW   *The Jewish Writings*
LKPP   *Lectures on Kant's Political Philosophy*
LM   *The Life of the Mind*
MDT   *Men in Dark Times*
OR   *On Revolution*
OT1/2/3 *The Origins of Totalitarianism (volumes 1, 2 and 3)*
PP   'Philosophy and Politics'
RV   *Rahel Varnhagen: The Life of a Jewess*

원어 표기 인명이나 지명은 외래어 표기용례를 따랐다. 단, 널리 알려진 이름이나 표기가 굳어진 명칭은 그대로 사용했다. 본문에서 주요 인물(생몰연대)이나 도서, 영화 등의 원어명은 맨 처음, 주요하게 언급될 때 병기했다.

출처 표시 주요 인용구 뒤에는 괄호를 두어 간략한 출처를 표시했다. 상세한 서지 사항은 책 뒤 〈참고문헌〉 참조.

도서 제목 본문에 나오는 도서 제목은 원 제목을 번역 표기하는 것을 원칙으로 하되, 국내에 번역 출간된 도서는 그 제목을 따랐다.

옮긴이 주 옮긴이가 주는 〔 〕로 표기했다.

Hannah Arendt

한나 아렌트Hannah Arendt(1906~1975)는 20세기 유럽 역사에 외상外傷을 남긴 이야기를 이해하려는 사람들에게, 더 일반적으로는 사유의 목적이 우리를 둘러싸고 있는 세계를 해명하는 데 있다고 믿는 이들에게 매우 중요한 사상가이다. 아렌트는 정치 이론, 철학, 현대 역사와 문화 연구 분야에서 정평이 난 인물로, 특히 홀로코스트와 유대인 연구라는 신흥 분야의 선도자이다. 이 책의 목적은 아렌트의 주요 정치적·철학적 관념을 설명하는 것 외에, 문학 연구 분야에서의 아렌트를 '주장'하는 데 있다.

아렌트의 작업은 문학의 역할, 특히 역사와 우리의 문화적·정치적 정체성을 이해하는 데 문학적 서사가 하는 역할을 보여 준다. 스토리텔링 storytelling(이야기 전달)이 인간 경험의 독특한 본질에 세심하게 주목한다는 점에서, 아렌트는 스토리텔링을 철학적 사고보다 높게 평가한다. 그녀의 작업은 개별적 인간 자아와 그 자아가 구성되는 공동체, 그리고 더 넓은 세계 간의 관계를 이해하는 새로운 방식을 제기하며 패권적이고 절대적인 '진리' 개념에 끊임없이 도전해 왔다. 아렌트에게 문학은 이 같은 철학적 전통에서 일탈을 시도하는 중요한 원천으로 작용한다. 그녀는 마지막 에세이에서 "어떤 철학도 의미의 강렬함과 풍부함 면에서 적절하게 서술된 이야기와 비교될 수 없다."고 말한다.(MDT : 22)

한나 아렌트의 이름은 본 시리즈에 실린 다른 사상가들보다는 덜 알려져 있다. 문학과 문화를 연구하는 대학생들이 수강하는 비평 이론과 문학 이론 강좌에서도 그녀의 이름을 찾아보기 어렵다. 이는 문학 및 문화 연구에서 아렌트의 사유가 갖는 유용성을 생각할 때 부끄러운 일이다. 기존의 문학 연구 및 문학 연구에 쓰이는 지배적 개념들은 영국의 비판적 사유와 '이론', 특히 1975년 아렌트가 사망할 당시 영국 학부에서 주목을 끈 '프랑스 남성' 사상가들의 작업에 초점을 맞추고 있다. 이런 점에서 이론 혁명을 주도한 아렌트가 영어권 세계의 고등교육 제도에서 이론이 출현하던 때 사망했다는 사실은 의미심장하다.

아렌트가 사망할 당시 이 '이론'의 지배적 개념은 격렬한 도전에 직면한 상태였다. 테리 이글턴Terry Eagleton은 최근작 『이론 이후*After Theory*』(2003)에서 비아냥거리는 투로 이 시대의 도전을 언급했다.

> 문화 이론의 황금시대는 먼 과거의 일이다. 자크 라캉, 클로드 레비스트로스, 루이 알튀세, 롤랑 바르트, 미셸 푸코 등의 선구적 작업은 이제 몇 십년 전 일이 되어 버렸다. …… 그 이후 그중 일부는 완전히 쓰러져 갔다. 운명은 롤랑 바르트를 파리의 세탁물 운반차 밑으로 밀어 넣었고, 미셸 푸코를 에이즈로 괴롭혔다. 운명은 라캉과 레이먼드 윌리엄스, 보드리야르를 죽였고, 루이 알튀세를 아내 살해죄로 정신병원으로 추방했다. 신은 구조주의자가 아니었던 모양이다.(Eagleton 2004 : 1)

이론의 선구자들이 대부분 죽었다는 사실이 이글턴이 오늘날 우리가 처해 있는 조건이 '이론 이후'라고 여기는 유일한 이유는 아니다. 이글턴을 포함한 수많은 동시대 평론가들에게 이 선구자들의 개념은 21세기 초 전 세계가 직면한 격렬한 변화들과 함께하기 어려운 것으로 증명되었다. 특히 '테러와의 전쟁' 시대로 접어들며 이 개념들은 더 뒤떨어지거나 부적절한 것으로 인식되었다. 저명한 젠더 이론가 주디스 버틀러 Judith Butler(1949~)는 『불확실한 삶*Precarious Life*』(2004)에서 2001년 9월 11일에 발생한 테러리스트 공격의 폭력성을 이해하는 대안적 틀을 제시했다. 버틀러는 쌍둥이 빌딩과 펜타곤에 대한 공격을 전쟁 행위가 아닌 "불가피한 상호의존성"의 증거로, "전 지구적 정치 공동체의 근거"로서 이해해야 한다고 주장했다. 그러면서 버틀러는 "그 상호의존성을 어떻게 이론화해야 할지는 모르겠다"고 고백했다.(Butler 2004 : xii-xiii) 9 · 11 같은 사건이 잠재적으로 그 사건을 이해하는 '이론' 또는 '이론화'의 능력을 소진시킨 것처럼 보인다는 것은 중요하다. 그러나 점점 더 우리 세계를 억압하는 새로운 근본주의에 대해 여러 상이한 비판적 반응들을 보인, 버틀러를 비롯한 많은 이들의 노력이 아렌트에게 깊이 빚지고 있다는 점을 잊어서는 안 된다.

이 책의 목적은 우리가 오늘날 직면하고 있는 문화적 · 정치적 딜레마들과 공명하는 아렌트의 핵심 개념들을 소개하고, 아렌트의 작업이 어떻게 당대를 규정한 문화적 · 정치적 · 지적 위기에 대한 반응으로 결정되었는지를 분명하고 균형 있게 설명하는 데 있다. 아렌트는 나치 독일의 망명자로 거의 20년 동안 무국적자였을 뿐만 아니라, 때로 이스라엘 정부에 논쟁적 태도를 취한 콤플렉스를 지닌 유대 지식인이었다. 그녀는 나치의 죽음의 수용소가 환기시키는 공포를 꾸준히 반성한 최초의 비판적 사상가들 중 한 명이자, 1951년 미국의 시민이 된 이후로는 자신에게 피

신처를 제공한 국가의 공적 삶에 열성적으로 참여한 공적 지식인이었다.

아렌트의 생애는 지난 세기의 첫 75년에 걸쳐져 있고, 그녀가 벌인 필생의 작업과 그녀가 겪은 경험의 중심에는 전체주의적 지배가 유럽에 불러일으킨 공포가 자리하고 있다. 아렌트가 1933~1945년의 독일, 그리고 스탈린 치하의 소련에서 겪은 경험들은 전례가 없는 것들이다. 그것은 어떤 형태의 체계적 범주화, 달리 말해 기존의 정치적 범주 속에 포섭하는 식으로 이해하려는 그 어떠한 시도도 거부하는 사건들이었다. 이와 관련하여, 아렌트는 전체주의적 지배를 전제정치라고 하는 고전적 정치 개념에 끼워 맞춰 이해하려는 어떤 시도도 전체주의라는 근본적으로 새롭고 유례없는 것에 대한 이해를 왜곡할 위험이 있다고 여겼다. 이 전체주의적 체제의 근본적 새로움은 기존의 이론적 · 철학적 체계로는 그것을 설명하기 어렵게 만든다. 동 세대의 다른 많은 사람들처럼 아렌트도 예술, 특히 서사와 스토리텔링 쪽으로 방향을 트는데, 이는 종종 이해할 수 없는 것처럼 보이는 전체주의적 체제의 행위의 본질을 이해하려는, 그에 대한 어떤 예비적 형태의 이해에 도달하려는 시도였다.

아렌트 연구자의 말을 빌리자면,

아렌트는 더는 세계를 일관된 '철학적 세계관'에 끼워 맞추는 것이 바람직하거나 가능하지 않다고 생각했다. 그녀에게 정치철학은 "과거에서 의미를 발췌하는" 서술 방식, 우리 시대와 행위의 의미를 생각하는 것, 우리가 행하는 바를 생각하는 것이 가능하도록 하는 차이를 확립하는 연습이 되어 버렸다.(Benhabib 1996 : 118)

아렌트는 철학적·이론적 체계보다는 이야기story가 더 사건들을 개별적으로 주의 깊게 다룰 수 있는 힘을 지녔다고 보았다. 그녀는 세계에서 일어나는 모든 사건은 그 자체로 새롭고 독특하다는 생각, 그런데 우리가 그것을 항상 포괄적 세계관에 끼워 맞추려 해서 또는 기성의 이론으로 그 사건을 설명하려 해서 그것이 지닌 새로움과 독특함을 손상시킬 위험이 있다는 생각에 경도되어 있었다. 아렌트는 역사적 사건을 이론화하려는 노력이 종종 그것을 이전 사건들 옆에 나란히 분류하려는 시도, 새로운 사건을 새롭고 독특하게 느끼는 우리의 감각을 무디게 하는 시도를 포함한다고 생각했다. 그런데 스토리텔링은 그 이야기를 듣는 사람들의 다른 세계관, 어쩌면 이야기가 지닌 의미를 놓고 결론 없는 토론을 벌일 열린 결말과 다른 해석의 가능성을 열어 준다고 보았다. 덴마크 작가 아이작 디네센Isak Dinesen(1885~1963)에 대한 에세이에서 아렌트는 "스토리텔링은 의미를 규정하는 오류를 범하지 않고서 의미를 드러내는 동시에, 있는 그대로의 사물들과의 일치와 조화를 가져온다"고 썼다.(MDT : 105)

스토리텔링은 이해하거나 상상하기 어려운 공포스럽고 혼란스러운 사건들을 마주할 때, 특히 그러한 사건을 겪지 않은 사람들에게 유용하다. 그래서 스토리텔링은 비극과 역사적 트라우마에 대처하는 유용한 도구가 될 수 있다. 아렌트가 인용한 아이작 디네센의 표현을 빌리면, "슬픔을 이야기 속에 담아내거나 슬픔에 대해 이야기하면 그 모든 슬픔을 견딜 수 있다."(MDT : 104) 아렌트는 스토리텔링이 역사에 대처하는 도구로 이해되는 것만큼이나 현대 세계의 악에 저항하는 중요한 도구를 제공한다고 여겼다.

제2차 세계대전의 마지막 몇 해를 아우슈비츠 집단수용소에서 보낸 이탈리아 작가 프리모 레비Primo Levi(1919~1987)는 이 시기를 회고한 『이것이 인간인가Se questo è un uomo』에서, 수용소에 막 수감되고 나서 오스트리아-헝가리 군대에서 하사관을 지낸 동료 수감자 슈타인라우프 Steinlauf와 며칠간 나눈 이야기를 기억해 낸다. 레비는 수용소라는 최악의 조건에서 청결을 유지하려는 노력을 이내 포기했고, 슈타인라우프는 이를 비난했다. 슈타인라우프는 다음과 같이 말했다.

이런 곳에서도 우리는 살아남을 수 있고, 그래서 나중에 이야기하기 위해, 증언하기 위해 반드시 살아남겠다는 의지를 가져야 한다. 그리고 살아남으려면 최소한 문명의 골격과 골조, 틀만이라도 지키기 위해 최선을 다해야 한다. 우리가 모든 권리를 빼앗기고 모욕당하고 죽음에 처해진 노예들일지라도, 우리에게 한 가지 능력만은 남아 있다. 마지막으로 남은 능력이기에 있는 힘껏 지켜 내야 한다. 그 능력이란 바로 그들에게 동의하지 않는 것이다. 그래서 우리는 더러운 물로라도 세수를 하고 윗옷으로라도 몸을 말려야 한다. 규정 때문이 아니라 우리 자신의 존엄과 교양을 위해 구두를 닦아야 한다.(Levi 1987 : 47)

처음에 레비는 수용소라는 최악의 조건에서 그곳에서는 도저히 불가능한 기준의 위생과 품위를 유지하는 것은 수용소 당국의 요구를 받아들이는 동화 행위라고 여겼으나, 슈타인라우프와의 이야기를 통해 그것이 심오한 저항 행위임을 깨닫는다. 슈타인라우프는 수용소의 명령을 따르긴 하지만, 그것이 명령이기 때문이 아니라 자신의 인간성을 지키기 위함이다. 그런 점에서 그는 씻지 않는 것보다 더 강력한 저항을 수행하는 것이다. 그는 수감자들의 인간성 상실을 의도한 수용소 당국의 조치에 항거한다.

레비의 회고록에 실린 이 사건은 인간 존엄성의 본질과, 피억압자들이 자신들을 억압하는 권력과 맺는 관계에 대한 중요한 성찰을 제공한다. 그러나 그것은 순전히 개별적이고 구체적인 방식일 뿐이다. 만일 레비의 이야기를 전체적으로 추상화한다면 그 이야기에서 이러한 의미를 상상해 내기가 쉽지 않다. 어쩌면 앞에서 시도한 간단한 독해조차도 본래의 이야기가 지닌 복합성과 미묘함을 훼손하는 것일지 모른다.

인용한 부분은 스토리텔링과 생존 사이의 고리를 보여 주기도 한다. 슈타인라우프는 "반드시 살아남아 그 이야기를 전하고 증언하기를 바라야만 한다"고 주장한다. 아우슈비츠에서 살아남아야 할 필요는 그곳에서 일어난 일에 대해 이야기하고, 그 일들이 일으킨 공포를 증언해야 할 필요와 결합되어 있다. 레비의 서사물에서 스토리텔링 행위는 수용소가 취한 노예경제의 공포스러운 굴욕에 대한 회고적 저항 행위가 된다. 달리 말해서, 레비는 슈타인라우프와의 만남을 이야기하면서 자신이 아우슈비츠에서 살아남았음을 회상하는 것일지도 모른다. 살아남음으로써 그리고 그 이야기를 말함으로써 레비는 "문명의 형태"를 지키고자 했던 슈타인라우프의 도전을 드러낸 것이다. 그가 살아남아 그 이야기를 말한다는 사실은 아우슈비츠 수감자의 인간성을 파괴하려는 시도가 실패했음을 보여 주는 증거일 수 있다.(비록 내가 레비의 텍스트를 제한적으로 읽어서 이것을 주장하려 하는 것이 결코 아니라고 해도 말이다. 마찬가지로 우리는 집단수용소에서는 문명이 파괴된다고 주장할 수도 있고, 레비도 그렇게 생각했음을 보여 주는 여러 사례들을 이 텍스트에서 발견할 수도 있다.)

본 책의 6, 7, 8장에서는 아렌트의 중요한 저서 『전체주의의 기원The Origins of Totalitarianism』(1951)이 20세기 중반의 전체주의 운동을 어떻게 그리고 왜 이야기하려 했는지를 다룰 것이다. 슈타인라우프처럼 아렌트는 전체주의에 대한 이야기를 하는 것이 일종의 저항 행위라고 생각했다. 아렌트의 연구는 전체주의 운동의 기원에 대한 이야기를 말함으로써 새롭고 전례 없는, 그리고 기존의 분류법이나 체계로는 이해하기 어려운 이 사건을 우리가 어떻게 인식해야 하는지를 제시해 준다. 아렌트는 이 책을 통해 전체주의가 전후 세계에 다시 폭발할 수도 있다는 가능성을 경계하고자 했다. 『전체주의의 기원』의 1967년판 서문에서 아렌트는 "이해는, 현실이 무엇이든 또는 무엇이었든, 현실을 즉각적이고 주의 깊게 직시하는 것이자 그 현실에 저항하는 것"이라고 말한다.(OT1 : x)

아렌트는 이야기를 말하는 행위 자체가 정치적 이해를 수행한다고 보았다. 이런 면에서 스토리텔링은 특히 이해 가능한 한계 너머에서 일어난 사건들을 이해하려는 시도를 가능하게 하는 행위로 주장되었다. 이야기를 하는 것은 적극적이고 역동적이며 창조적인 활동으로, 아렌트가 서구 문화의 '이론' 개념에서 물려받은 이해의 정태적인 지적 모델과 대조를 이루는 어떤 것이다. 또한 스토리텔링은 문화인류학자들이 오래전부터 알고 있었던 대로 전통적으로 각 문화가 제 문화에 대한 이해를 규정하는 방식이기도 하다.

일련의 사건들은 특정 서사 형식 속에 놓임으로써 이해할 수 있는 것이 되고, 그에 따라 광범위한 청중과 소통하고 공동체에서 기억될 수 있게 된다. 만일 이야기를 통해 우리가 어떤 사건을 이해할 수 있게 된다면, 그 이야기들은 말하기 행위에 고유한 공동체 개념을 전제로 하고 있는 것이다. 그것은 이야기의 화자, 즉 이야기하는 행위의 주인공과 동시에 그 이야기 뒤에서 판단하고 반응하는 청자 혹은 독자를 포함한다. 이 스토리텔링 개념은 아렌트 사유의 또 다른 핵심을 보여 준다. 즉, 아렌트는 자유로운 사유가 이론이 요구하는 완전한 철수와 명상이 아니라, 타자들의 현존과 공동체로 나아갈 수 있는 유일한 행위라고 생각한다.

아렌트의 작업은 스토리텔링과 이야기하려는 노력에 대한 평가, 전통적인 철학적 사유와 이론에 대한 공격으로 특징지어진다. 그래서 본 책, 특히 2장과 3장에서는 기성 철학에 대한 아렌트의 공격이 본질적으로 무엇을 의미하는지를 설명했다. 이 공격은 결코 아렌트만의 특징이 아닌데, 4장과 5장에서 아렌트가 시도한 철학적 지식의 확실성과 신뢰성에 대한 공격의 배후에 자리한 지적·역사적 배경을 설명했다. 이 장들에서는 아렌트의 작업에 큰 영향을 끼친 두 명의 사상가, 즉 계몽주의 시대의 철학자 이마누엘 칸트Immanuel Kant(1724~1804)와 아렌트의 동시대 철학자인 마르틴 하이데거Martin Heidegger(1889~1976)를 상세히 탐구했다. 이두 사상가는 아렌트의 사상적 발전에 깊은 영향을 끼쳤을 뿐 아니라, 20세기의 비평적 사유가 폭넓게 발전하는 데에도 크게 기여했다.

기성 철학에 대한 아렌트의 공격은 부분적으로 정치의 본질에 대한 근본적인 탐구에서 비롯되었다. 아렌트의 작업은 몹시 정치적이지만, 이 작업을 통해 고대 그리스 철학자 플라톤(기원전 424~347)과 아리스토텔레스(기원전 384~322)의 저작으로 거슬러 올라가는 서구의 전체 '이론' 전통이 현실적인 정치적 사유를 크게 결여하고 있음을 드러낸다고 주장한다. 아렌트는 플라톤이 『국가Republic』에서 그린 정치국가의 청사진이 그랬듯이 철학자들이 정치를 논할 때조차 정치적 영역의 존엄성과 중요성을 부정한다고 말한다. 정치를 그 자체로 중요한 것으로 보지 않고 처리해야 할 문제 같은 걸로 본다는 것이다. 대화와 설득, 타인들의 주장을 인정해야 할 필요성 등을 포함하는 정치를 대부분의 철학자나 이론가들은 성가시고 불명료하며 인간적인 문제로 여긴다. 정치는 철학적 사유에 필요한 조용한 공간을 공적 영역의 소음과 불확실성으로 어지럽힌다. 이러한 생각은 아렌트의 주요 저작 『인간의 조건The Human Condition』 (1958)에 등장하는데, 이에 대해서는 본 책 제2장과 제3장에서 상세히 다룰 것이다.

아렌트가 목격한 바, 공적 영역에서 고독한 명상과 추상화로 물러앉은 철학 경향은 그녀의 의심을 불러일으켰다. 아렌트가 보기에 이 후퇴는 종종 본인이 직접 경험한 정치적 위기의 시대에 철학자들을 불운한 삶으로 이끌어갔다. 1924년 아렌트의 스승이자 연인이었던 마르틴 하이데거는 1930년대 초 잠시 나치당의 당원으로 이름을 올렸는데, 이 일은 그가 죽을 때까지 침묵 속에 가려져 있었고 아직까지도 논란을 일으키고 있다. 아렌트는 이 사건, 하이데거가 보여 준 거대한 철학적 가능성과 그가 초기에 나치 정권의 본질을 통찰하지 못했다는 '실패' 사이에서 큰 충격을 받았다. 그리고 이 같은 모순을 가능하게 한 역사적·문화적 영향들을 규명하고자 애썼다.

아렌트는 플라톤의 작업 이래 2천 년 동안 서구를 지배한 정치 경시 전통이 철학적 사유마저 왜곡시켰다고 보았다. 그 와중에 근대로 들어서며 칸트와 같은 일부 철학자들이 이 철학적 전통에서 탈피하려 했다고 보고, 그들의 작업으로 열린 가능성을 자신의 작업 속에서 발전시키고자 했다. 이처럼 아렌트의 작업은 기존의 철학적 전통을 재평가하고, 추상적 이론화가 어떻게 철학을 편협한 방식으로 규정하고 공적 세계와 사유 행위 자체에 폭력을 가했는지를 사유했다.

이어지는 각 장들에서는 아렌트의 핵심 개념들, 그리고 그녀가 다른 사상가 및 작가들과 맺은 관계의 '이야기를 말하려tell the story' 한다. 더 나아가 아렌트의 작업을 이해하는 방편으로 그녀가 서사에 대해 했던 논의들을 살펴볼 것이다. 그러면서 아렌트의 저작에 나오는 문학적 예들의 용법을 면밀히 살펴보려 한다. 아렌트는 자신의 정치적 개념을 설명하는 데 허먼 멜빌과 조셉 콘래드 같은 작가들의 작품들을 적극 활용했다. 아렌트의 개념들과 영국 문학 간의 관련성은 그냥 지나칠 수 없는 부분이다. 이를 통해 아렌트가 문학작품을 어떤 방식으로 독해하고, 그녀의 특정 개념이 문학 연구의 방향에 어떤 영향을 주는지를 알 수 있을 것이다.

본 책 전체를 관통하는 초점은 결국 아렌트 작업 전체에서 가장 중요한 국면이기도 하지만, 문학 연구자들도 가장 관심 있을 대목이다. 본 책의 가정은 문학을 연구하는 데 의미 있는 것, 철학을 연구하는 데 의미 있는 것, 정치 이론을 연구하는 데 의미 있는 것 등으로 분리하여 한정짓는 학문적 경계의 설정이 종종 이 주제 영역들이 가질 수 있는 다른 창조적 가능성을 억제한다는 것이다. 아렌트가 그랬던 것처럼, 본 책도 그같은 경계를 뛰어넘음으로써 문학 텍스트를 역동적이고 예기치 않은 방식으로 읽는 법을 모색하고자 한다. 아렌트가 평생을 두고 고민한 정치의 본질이나 스토리텔링의 목적, 행위와 사유의 관계 등을 책 전체에서 반복하여 거론하는 이유가 여기에 있다. 그래서 아렌트 사유의 특정 국면만을 따로 읽을 수도 있겠지만, 각 장을 그 자체로 전개되는 하나의 이야기 혹은 아렌트의 삶과 작업에 대한 이야기로 연속성 있게 읽을 때 아렌트를 가장 풍요롭게 이해할 수 있다.

본 책 끝 부분에서는 아렌트에 대한 간단한 비평 두 가지를 소개할 것이다. 아렌트는 동시대의 비판적 사유를 이해하는 데 중요한 인물이 되었다. 여러 면에서 이는 약간 뜻밖의 사태로 비쳐질 수 있다. 예를 들어 아렌트는 여성주의feminist 운동에 적대적인 것으로 유명하다. 그녀는 저작에서 항상 개인을 'The' 또는 '인간man'으로 기술했다. 아렌트와 페미니즘 간의 관계는 본 책 마지막 부분에서 논의되겠지만, 본 책의 주요 목적이 아렌트 주장의 의미를 그 고유의 맥락 속에서 회복시키는 데 있는 만큼, 본 책에서도 아렌트의 저작에 등장하는 다양한 인물과 사회적 인격 유형을 기술할 때 아렌트를 따라 남성 대명사를 사용했다. 다만, 아렌트의 '방관자spectator' 개념을 논의하는 경우(5장)에는 아렌트의 작업이 페미니즘 정치에 제공하는 유용성을 고려하여 그 자아들을 '그녀'로 지칭했다.

두 번째 비평은 아렌트가 동시대와 갖는 관련성에 대한 것이다. 아렌트는 우리 시대가 몹시 필요로 한 비판적 사상가였다고 나는 믿는다. 미국 정치와 문화를 논한 후기 에세이들에서 아렌트는 시민 자유의 본질과 정부가 후원하는 폭력의 문제, 베트남전쟁 이후 정치에 나타난 거짓과 범죄의 문화 등 오늘날에도 여전히 유효한 쟁점들을 다루었다. 아렌트는 잔혹 행위에 대한 개인의 책임, 국제적 정의와 인류에 대한 범죄 문제, 판단에 대한 철학적 의문 등에 관심을 가진 사상가였다. 궁극적으로 아렌트는 공적 공간의 밝은 빛 속에서 일어난 판단의 실행을 용인했다. 어쩌면 이러한 생각이 우리를 다시 한 번 계몽시킬지도 모른다.

01

아렌트의 삶, 이론과 정치

Hannah Arendt

이 장에서는 정치 및 사회와 관계된 아렌트의 수많은 핵심 개념들을 소개하기 전에 아렌트의 인생 이야기에서 중요한 몇 가지 사건을 서술할 것이다. 아렌트의 사상과 인생사는 아렌트 연구에서 별개의 이야기가 아니다. 실제로 아렌트의 전기와 사상은 끊임없이 뒤얽혀 있다. 더군다나 사상가와 예술가, 정치인의 인생사는 그 사람의 사상을 이해하는 데 매우 중요한 맥락을 제공한다는 것이 아렌트의 작업 신조였다.

그렇다면 비판적 사상가의 인생사를 논한다는 것은 어떤 의미일까? 어떤 사상가의 입문서라고 하면 응당 그 사람의 인생까지 함께 논해야 한다고 생각하지만, 실제로는 그렇지 않은 이유는 무엇일까? 아렌트가 죽은 이후 전기나 자서전에 집착하는 것은 오히려 시대착오적인 것이 되었다. 저자나 사상가의 생애에 대한 상세한 정보는 도리어 텍스트 독해를 방해한다고까지 얘기되었다. 아렌트의 스승 하이데거는 고대 그리스 철학자 아리스토텔레스의 전기는 단 한 줄의 문장, 즉 그는 태어나고 생각하고 죽었다로 요약된다고 했다. 하이데거에 따르면, 그 밖의 이야기들은 단지 일화일 뿐이다. 전기에 대한 하이데거의 적대감은 특히 지난 30여 년간 문학 이론 쪽에서 강력한 영향력을 발휘했다. 이 시기에 문학 이론은 저자의 전기를 문학 텍스트의 의미를 설명하는 권위 있는 근거로 제시하는 경향에서 문학비평을 해방시키려 했다. 기호학자이자 문화 비평가인 롤랑 바르트Roland Barthes(1915~1980)는 1967년에 쓴 에세이 「저자의 죽음The Death of the Author」에서 다음과 같이 말했다.

　　저자는 여전히 문학의 역사, 작가들의 전기, 인터뷰와 잡지, 그리고 일기와 회고록을 통해 저자의 인격과 작품을 통합하고 싶어 하는 저술가들의 의식 속에 군림하고 있다. 일상 문화에서 발견되는 문학 이미지는 압도적으로 저자, 그의 인격과 삶, 취미와 열정 등을 중심으로 하고 있다. …… 작품은 늘 그것을 생산한 남자 또는 여자를 중심으로 설명된다. 마치 작품이 결국에는 늘 허구라는 다소 투명한 알레고리를 통해 우리에게 사적으로 말을 건네는 저자, 단일한 인격의 목소리라도 되는 듯이 말이다.(Barthes 2001 : 1466)

바르트는 저자와 친밀한 관계를 맺고 싶어 하는 독자들의 열망에 충격을 받는다. 그리고 전기 연구는 저자의 인생사에서 저자의 취미나 열정 같은 개인적이거나 숨겨진 것을 찾아내고, 이 개인적 지식을 저자의 저술에 담긴 의미의 실제 근거로 규정하려 하는 근대 독자의 열망을 보여 주는 한 징후라고 생각한다. 바르트가 보기에 텍스트에서 저자의 내적 삶에 대한 친밀한 지식을 얻을 수 있다고 여기는 우리의 믿음은 일종의 환상, 소비자본주의가 독자를 자극하는 속임수의 산물일 뿐이다. 바르트는 자본주의적 근대에서 문학 텍스트가 상품으로 변했다고 주장한다. 상품으로서의 텍스트는 저자가 특정 독자를 선발하여 다른 누구에게도 말하지 않은 자기 삶의 비밀스럽고 내밀한 의미를 그 독자에게만 말해 준다고 암시함으로써 독자를 속인다. 바르트는 저자란 모든 상품, 그중에서도 문학 텍스트의 소유권을 행사하고 싶어 하는 자본주의 체계가 창안해 낸 또 다른 허구에 지나지 않는다고 주장하며 독자와 저술 사이의 환상적이고 나르시시즘적인 관계를 깨려고 한다.

이러한 관념에 비추어 보면 아렌트의 연구 방향은 퇴행적이고 시대착오적인 것처럼 보이지만, 사실 아렌트는 전기 연구를 대하는 동 세대의 의구심을 공유한 것이다. 바르트와 마찬가지로 아렌트 역시 모든 의미를 저자의 단일한 의식으로 귀속시키는 개인숭배를 의심한다. 아렌트가 보기에 이야기란 항상 공동체의 작품으로서, 청중이나 이야기 자체의 주인공이 그 의미의 주인이 아닌 것처럼 이야기의 화자 역시 그 의미의 주인이 아니다. 또한 아렌트도 저자와의 친밀함을 원하는 독자의 욕망을 비판적으로 바라본다. 그래서 바르트가 기술한 대로 전기물의 전형적 특징인 저자의 사적인 삶을 엿보고 싶어 하는 욕망을 내내 의심한다. 작가 아이작 디네센에 대한 에세이에서 아렌트는 다음과 같이 말한다.

예술가의 삶을 그의 작품과 연관지어 생각하는 일은 항상 난처한 문제들을 제기한다. 한때는 엄밀히 사적인 문제이자 무명인의 일이었던 것들을 공적으로 기록하고 드러내어 논의하려는 우리의 열망은 우리 호기심이 허용하는 한계를 넘어서는 부당한 것이다.(MDT : 98)

여기서 핵심어는 '공적'과 '사적'이다. 어떤 인간 존재라도 그 삶에는 특정 영역, 즉 '친밀성'의 영역 혹은 사적 세계가 존재하는데, 그 사적 세계는 결코 공적으로 나타나서는 안 되며, 만일 그것이 공적으로 나타난다면 끔찍한 결과가 벌어질 것이다. 이러한 공적 영역과 사적 영역의 분리는 아렌트 사상 전반에 걸쳐 핵심적인 사고이다.

　그러나 전기에 대한 건강한 회의론이 아렌트를 포함하여 사상가의 삶에 절대로 관심을 가져서는 안 된다는 뜻은 아니다. 아렌트는 바르트가 공격한 것과는 다른 종류의 전기와 인생 이야기를 상상한다. 그녀는 특히 공적인 삶의 관념에 전념하는데, 공적인 삶은 사상가의 사유가 그를 둘러싸고 있는 세계에 의해 결정되고 동시에 사상가의 사유는 그 세계를 결정하는 방식을 파악하도록 기록될 수 있고 기록되어야 한다. 이 장에서는 아렌트 자신의 삶, 특히 공적으로 살려고 했던 그녀의 노력과 그 과정에서 그녀가 부딪힌 문제들을 살펴볼 것이다.

아렌트의 인생 이야기

아렌트는 1906년 독일 하노버 시의 유대인 가정에서 태어나서, 지금은 러시아 땅이 된 동프러시아 쾨니히스베르크(지금의 칼리닌그라드) 시에서 주로 자랐다. 1964년 TV 인터뷰에서 아렌트는 "집에서는 '유대인'이라는 말을 결코 들어 본 적이 없다. …… 거리에서 놀다가 아이들이 반유대주의적 말을 했을 때 그 말을 처음 들어 보았다."(Young-Bruehl 2004 : 11)라고 회상했다. 아렌트가 기억하는 대로 '유대인'은 외부에서 강요한 정체성, 즉 비유대 어린이들이 꼬마 아렌트에게 붙여 준 꼬리표였다. 어떤 점에서 '유대인'은 처음부터 반유대주의적인 정체성으로, 자신들을 유대인으로 여기지 않았던 동화된 유대인들에게 붙여진 꼬리표였다. 아렌트에게 자신과 유대인의 관계, 그리고 유럽 사회에서 유대인이 처한 사회적 지위에 대한 이해는 그녀가 전체주의를 다루는 태도를 성격 지우는 복잡하고 중요한 쟁점이었다.(6장 참조)

아렌트는 하이델베르크 대학과 마르부르크 대학에서 수학했는데, 그곳에서 인생 전체를 걸쳐 그녀에게 지적으로 가장 강력한 영향을 준 철학자 마르틴 하이데거를 만난다. 하이데거는 아렌트가 준비하던 중세 신학자이자 철학자인 성 아우구스티누스(354~430)에 대한 박사 학위 논문의 초기 단계를 지도했다. 하이데거는 비판적 사유의 발전사에서 중요한 인물로 꼽히는 에드문트 후설(1859~1938)의 학생이었는데, 후설은 현상학으로 알려진 철학적 방법을 개척한 철학자였다. 비록 아렌트를 만날 당시 하이데거는 후설의 영향에서 벗어나 미지의 철학 영토를 구상하며 『존재와 시간Sein und Zeit』(1927)의 발간을 준비하고 있었지만, 현상

현상학PHENOMENOLOGY 인간 의식을 과학적으로 설명하려는 선구적 시도로서 현상학은 정신분석학과, 현상학의 기초를 닦은 후설의 작업은 지그문트 프로이트Sigmund Freud(1856~1939)의 작업과 비교된다. 정신분석학이 의식과 무의식의 관계를 설명하는 데 몰두한다면, 현상학은 세계 내 사물을 보는 방법을 과학적으로 설명하는 데 집중한다. 현상학자는 인식의 본질을 결정하는 인간 의식의 기본 구조를 발굴하려 '파 내려간다'. 그 과정에서 현상학은 일상의 경험을 급진적으로 낯설게 설명한다. 현상학의 핵심 관심은 인간 존재가 시간을 어떻게 경험하는가, 시간이 세계 인식과 무슨 관계가 있는가 등이다. 하이데거의 작업에 이어 아렌트의 작업에서, 후설의 사상은 문화와 역사에 대한 의문, 특히 탄생과 죽음, 예술 경험 등과 같은 핵심적인 인간 경험에 적용된다. 현상학은 우리와 우리를 둘러싼 세계, 그리고 이 둘의 관계를 이해하는 기본적이고 습관적인 방식을 유쾌하게 중지시킨다. 하이데거의 말로 하자면, "평온한 것은 그 근저에서는 평온한 것이 아니라 섬뜩한 것이다."(Heidegger 1993 : 179)

학적 혁명은 하이데거와 아렌트의 사상에 모두 영향을 끼친 중요한 철학적 배경이다.

1933년 히틀러가 독일 총통이 된 이후, 아렌트는 독일 시온주의자 조직에 독일의 반유대주의 정책에 대한 정보를 수집해 전달한 혐의로 잠시 구금되었다. 독일을 떠날 수밖에 없었던 아렌트가 선택한 곳은 프랑스였다. 그곳에서 1940년 여름 독일의 프랑스 침략으로 피레네 산맥 기슭에 위치한 귀르 집단수용소에 구금될 위기에 처한 유대 어린이와 젊은이들이 팔레스타인으로 갈 수 있도록 돕고 있던 파리의 유대 난민 기구를 위해 일했다. 1941년 아렌트는 결국 미국으로 탈출했고, 미국은 아렌트가 남은 인생을 의탁한 고국이 되었다.

아렌트가 전통적 철학과 제도에 대한 믿음을 상실한 것은 히틀러가 권력을 장악한 시기부터였다고 할 수 있다. 그 정도로, 그리고 공적인 형태에서도 이 일은 아렌트 삶의 행로를 좌우한 결정적인 사건이었다. 비록 잠시 동안이었지만 나치 독일에서 겪은 경험은 그녀의 지적 발달에 중요하게 작용했다. 이때 독일 지식인들이 나치 지배에 저항하기를 꺼리는 충격적인 현실을 목도했기 때문이다. 아렌트가 1964년 한 인터뷰에서 회고했듯이,

오늘날 사람들은 1933년에 유대인들이 겪은 충격이 히틀러 집권의 작용이었다고 생각한다. 나와 내 세대에 속하는 사람들에 관한 한, 이것은 기이한 오해이다. 그것은 물론 끔찍했다. 그러나 그것은 정치적인 것이었지 개인적인 것은 아니었다. …… 집 밖으로 나서는 순간, 일반적인 정치 현실은 개인적 운명으로 바뀌었다. …… 나는 지적인 분위기 속에서 살았지만 나

또한 그렇지 않은 사람들을 많이 알았고, 부역이 다른 사람들의 규칙이 아니라 지식인들의 규칙이라는 결론에 이르렀다. 그래서 과장된 표현이지만 "결코 돌아오지 않을 것"이라는 각오로 독일을 떠났다. 나는 다시는 '이념의 역사'를 다룰 어떤 것도 갖지 않을 것이다. 나는 정말로 다시는 이런 종류의 사회를 다룰 어떤 것도 갖고 싶지 않았다.(Young-Bruehl 2004 : 108 재인용)

전체주의 시대를 이해하려는 아렌트의 노력 가운데 핵심적 국면은, 나치 독일의 패망 이후 몇 년 사이에 매우 빠르게 형성되어 굳어진 전체주의의 본질에 대한 안일한 추정들에 대한 도전이다. 이 기간 동안 아렌트에게 충격적이었던 것은 어쨌든 몇 년간 불가피해 보였던 히틀러의 권력이 증대한 '정치적' 사실이 아니라, 대부분 친구이자 지인인 독일 지식인 계층이 어떻게 그 새로운 체제에 협력했는가 하는 것이었다. 거듭 말하자면, 그녀 작업의 핵심은 공적인 것과 사적인 것, 정치적인 것과 개인적인 것의 구분에 대한 자각이다. 아렌트는 이 구분에 대한 자각을 계속 유지하고자 했지만, 그 역시 이 두 가지가 개별적인 삶에서는 얼마나 쉽게 뒤얽히는지를 알았다.

아렌트가 기술한 부역의 가장 유명한 또는 악명 높은 사례는 바로 하이데거였다. 1933년 봄, 하이데거는 유대인 교직원들을 축출하라는 새 정부 정책에 협조하길 거부하여 해고된 전임 총장을 대신해 프라이부르크 대학의 총장으로 임명되었다. 하이데거는 총장 취임 연설에서 "이 민족적 자각의 위대함과 고귀함"을 찬양하고, 사실상 나치의 집권을 용인했다.(Young-Bruehl 2004 : 108 재인용) (하이데거가 곧바로 자신이 나치를 지지하는 길로 잘못 들어섰음을 깨달았다는 점은 주목해야 한다.) 잠시 동안 겪은 나치 지배의 경험에서 아렌트는 지식인들, 정신적 삶에 전념해 온 사람들이 1930년대 초 그 무모하고 격렬한 시기에 나치 체제의 본질을 꿰뚫어 보는 데에는 얼마나 무능한지를 목격하고 충격을 받았다. 공적 세계와의 관계에서 지식인들이 지닌 이러한 순진함에 대한 깨달음은 아렌트에게 결정적 통찰이 되었다.

1933년에 이념의 세계를 포기하겠다고 한 아렌트의 맹세는 본인 말대로 과장되었다. 그러나 그녀는 결코 북미 대학 교수진의 영원한 구성원이 된 적이 없다. 미국에서 살면서 아렌트는 일종의 자유기고 논객이자 사회적·정치적 사상가로 남아 있었다. 1944년부터는 유대인문화재건위원회의 조사 활동을 지휘했는데, 이 역할을 수행하고자 전쟁 후 유럽으로 되돌아갔다가 하이데거와의 관계를 회복했다. 아렌트는 또한 뉴욕의 신사회연구학회와 시카고 대학의 사회사상위원회 등 고등교육기관의 초빙교수로 다양한 역할을 수행했으며, 여성으로는 처음으로 프린스턴 대학의 교수가 되었다. 그러나 아렌트는 페미니즘 사상가 가야트리 스피박Gayatri Spivak(1942~)의 표현을 빌리자면, "강의 기계 외부에outside in the teaching machine" 남아 있었다. 이것은 전통적 사고방식과 제도에 대한 아렌트의 불신, 더 나아가 지식인들이 공적 문화에서 담당해야 할 새롭고 독립된 역할을 개척하려 한 그녀의 열망을 보여 준다. 의심할 여지없이 이것은 독일 대학의 많은 교수들이 1930년대 히틀러의 집권에 거의 저항하지 않고 강의가 금지된 유대인 동료들을 돕지 않는 등 당시에 경험한 억압적 방식과 관련이 있다.

아렌트는 미국에 살면서 미국의 공적 삶, 그리고 1950~60년대 벌어진 시민권·시민 불복종·인종 분리·정치 타락·베트남전쟁 등의 논쟁에 적극 참여했다. 미국으로 건너오고 몇 해 뒤, 유럽의 전쟁이 여전히 격렬한 상황에서 시온주의 운동이 움트자 여기서도 강력한 역할을 수행했다. 그녀는 망명 유대인 공동체가 발행하는 독일어 신문 〈아우프바우 Aufbau〉에 게재한 기고문들에서, 히틀러에 대항할 유대인 군대의 창설을 촉구했다. 아렌트는 유대인을 나치의 무고한 희생자로 보는 시각, 그리고 유럽의 유대인이 제 민족을 바라보는, 그들의 자기 이해와 정치적 정체성을 심각하게 훼손하는 관점에 반대했다. 유대인은 무고한 희생자나 "도살자 앞의 어린 양"으로 제 자신을 묘사할 것이 아니라, 자기 행동에 책임을 져야 한다. 아렌트의 생각으로는, 통합된 유대인의 힘으로 대 히틀러 투쟁에 참가하는 것이야말로 유대인이 자기 운명을 스스로 통제하는 길이다. 아렌트는 유대인 군대의 창설이 자신이 쓴 글의 제목처럼 '유대인 정치의 출발점'을 의미한다고 주장했다.

아렌트는 유대인을 독일이 만들어 낸 무고한 희생양으로 보는 어떤 시도도, 그리고 그녀가 해명하려 한 전체주의적 지배에 대한 또 다른 가정도 근본적으로 신뢰하지 않았다. 다만, 이 같은 관점이 나치 지배 아래서 일어났던 일을 설명하는 꽤나 매력적인 해석이라고 여겼다. 아렌트는 『전체주의의 기원』(1951)에서 이렇게 말한다.

희생자는 자동적으로 책임이 없다는 설명으로 되돌아가고 싶은 유혹(이 있다.) 그것은 그 어떤 것도 끔찍한 기계에 포획된 개인의 완전한 무고함과, 자신의 운명을 바꾸지 못하는 무능력만큼 강력하게 우리의 심금을 울리지 못한다는 현실에 꽤 적합해 보인다.(OT1 : 6)

이 주장은 그녀를 상당히 불편한 결론으로 인도했다. 만일 유대인이 나치 폭력의 무고한 희생자가 아니라고 한다면, 어느 정도는 유대인도 그 폭력에 대한 책임을 공유하게 되는 것이다. 희생자의 존엄과 공적 행위자로서의 지위가 회복되길 바란다면, 폭력의 희생자도 자신의 책임을 직시하고 이해해야 한다.

유대인의 자유와 책임에 대한 이러한 논의는 매우 논쟁적으로 나타났고, 지금까지도 논쟁거리로 남아 있다. 미국에서 얻은 아렌트의 명성과 악명은 궁극적으로는 이러한 희생자의 책임이라는 쟁점과 관련하여 그녀와 시온주의자들의 결별을 가져온 사건으로 확고해졌다. 1961년에 아렌트는 아돌프 아이히만의 재판에 대한 보고서를 이스라엘에서 〈뉴요커New Yorker〉지로 보내 연재했다. 아이히만은 이스라엘의 비밀요원에게 납치되어 이스라엘 법정에 세워진, '최종 해결Final Solution' 조직과 연루된 전범이다.〔'최종 해결'은 제2차 세계대전 기간에 유럽의 유대인을 조직적으로 학살하려 한 나치 독일의 계획이다.〕 그런데 재판에 대한 아렌트의 반응은 많은 유대인, 특히 시온주의자들의 공식적 견해를 거스르는 것이었다. 아렌트의 보고서는 제2차 세계대전 동안 동유럽에 있던 유대인 공동체 지도부가 이 공동체의 절멸에 부분적으로 책임이 있다고 주장하는 것처럼 보였기 때문이다.

이 보고서를 발전시킨 책『예루살렘의 아이히만 : 악의 평범성에 대한 보고서Eichmann in Jerusalem : A Report on the Banality of Evil』(1963)의 첫 부분에서 아렌트는 공동체 지도부가 어떻게 나치의 유대인 동부〔유럽 동부의 수용소〕이송에 협력했는지를 기술하고, 이 지도부가 왜 그 이송을 저지하거나 최소한 어렵게 만들지 않았는지를 묻는다. 아렌트는 또한 어떻게 홀로코스트(대학살)의 범죄성을 기존의 합법적이고 도덕적인 규범에 따라 판단할 수 있는지, 특히 그러한 끔찍한 사건에 대한 도덕적 책임을 아이히만 같은 관료들에게 전가하는 행위에 대해 곤혹스러운 질문을 제기한다. 재판정에서 자신은 유대인의 집단수용소 이송 계획에는 책임이 있지만 살인 그 자체와는 직접 연루된 적이 없다고 주장한 아이히만은, 아렌트의 보고서 속에서 차라리 애처롭고 망상적인 인물로 그려진다. 이 책을 읽은 독자들은 아이히만 재판 이야기, 그리고 아이히만의 인생 이야기에 대한 아렌트의 독해 방식이 그의 행동으로 고통받은 사람들에게 향해야 할 동정을 아이히만에게 남겨 두는 것처럼 보였다.

아이히만 재판은 아렌트의 인생 이야기에서 중대한 에피소드가 되었다. 이 재판에 대한 보고서가 불러일으킨 논쟁은, 어떤 면에서는 아렌트가 쓰려고 계획했던 책까지 연기하고 자신의 견해를 정당화하는 데 시간과 에너지를 쏟도록 만들어 그녀가 공적 지식인으로 성장하는 데 결정적인 영향을 미쳤다. 아이히만 논쟁은 공적 세계의 사건이 어떻게 한 사상가의 사상에까지 영향을 미치는지를 보여 주었다.

아렌트와 이론

한나 아렌트는 어떤 종류의 비판적 사상가였을까? 심도 깊은 연구 없이 그녀의 작업을 비판적 사유의 전체 계보 속에 끼워 맞추기란 몹시 어려운 일이다. 비록 후기 이론적 저술에서는 몇 명의 주요 사상가들, 특히 마르틴 하이데거, 카를 마르크스Karl Marx(1818~83)와 프리드리히 니체 Friedrich Nietzsche(1844~1900) 등의 작업에 빛을 지고 있긴 하지만, 그녀는 후기 탈구조주의나 탈근대주의 사상가들과는 다른 길을 걷는다. 아렌트는 범주화하기 어려운 길, 그리고 그 길에서 벗어나 '이론화'의 의미에 대한 모든 고정된 규정을 논파하는 작업을 수행했다.

예를 들어 마르크스주의에 상당히 적대적이었지만, 마르크스 저작의 내적 일관성과 죄르지 루카치Lukács György(1885~1971)나 발터 벤야민 Walter Benjamin(1892~1940) 같은 마르크스주의 사상가들이 취한 방향을 존중했다. 아렌트의 작업은 그것을 비판적 사유의 특정 '학파'에 귀속시키려는 그 어떤 시도에도 저항적이다. 이제 아렌트의 작업이 어떻게 후기 이론의 친숙한 관심들 가운데 일부를 그 자체 내부 논쟁과 정설들에 속박되지 않은 관점에서 새롭게 보게 해 주는지를 논의해 보자.

세계의 범주

전체적으로 아렌트 작업의 핵심 주장은 『인간의 조건』(1958)에서 정확하게 언급된 대로, 근대 문화가 그리스와 로마의 고전 문명으로 거슬러 올라가는 말과 행위 전통과의 접촉을 상실했다는 것이다. 그녀는 이 상실의 결과가 재난이나 다름없다고 보았다.

세계 속에서 함께 산다는 것은 본질적으로, 탁자가 그 주위에 둘러앉은 사람들 사이에 놓여 있는 것처럼, 사물의 세계도 그것을 공동으로 소유한 사람들 사이에 존재한다는 것을 의미한다. 사이에 존재하는 모든 것처럼, 세계는 사람들을 관련시키는 동시에 분리시킨다.(HC : 52)

처음 보기에는 기묘한 느낌을 주는 저술이다. 외견상 극단적으로 단순화된, 거의 기독교적인 비유처럼 느껴진다. 그러나 그 아래에 숨어 있는 관념은 복잡하고 흥미진진하다.

아렌트는 고대의 정치적 전통의 상실이 세계 그 자체의 상실을 수반한다고 주장한다. 여기서 '세계'란 무엇을 의미하는가? 세계를 탁자에 비유하면서 아렌트는 그것을 만들어진 어떤 것, 인간 작업의 산물로 규정한다. 이 작업은 탁자와 나무의 관계처럼 인간의 필요를 충족하고자 자연에서 원 재료를 취하여 변형하고 개조하는 일을 포함한다. 아렌트는 이 필요들 가운데 가장 중요한 것은 공동체이고, 탁자의 이미지는 사람들을 공동체로 묶는 가능성임을 암시한다. 탁자는 사람들을 관련시키는 동시에 분리시켜서 공동체를 만든다. 탁자 주위에 둘러앉는 것은 사람들 사이의 공간과 거리를 만들어 내고 사람들을 분리시키지만, 동시에 탁자는 그 자체로 공간을 채우고 사람들이 그 사이 공간을 공유하도록 한다. 비슷한 방식으로, 아렌트가 보기에 문화로 창조된 '세계'는 서로 다른 개인들이 또 다른 개인의 존재를 인지하고 인정하는 데 필요한 그들 사이의 공간을 창조한다. 각 개인들이 그 공간을 각자의 작품, 즉 예술 작품처럼 문화적 행위로 생산된 '사물들'로 채우면서 세계가 창조된다. 아렌트는 공동체를 인간 연대의 조건으로 규정하지만, 탁자로서의 세계 이미지는 거리 또한 공동체 형성의 중요 요소임을 암시한다. 아렌트의 비유에서 탁자는 사람들을 서로 관련시키지만, 동시에 분리시키고 그들 사이의 거리를 보존한다. 이와 정반대되는 것이 전체주의다. 아렌트는 전체주의 국가에서의 삶을 '절대적 지배' 상태로 규정하는데, 그것은 "사람들 사이의 모든 공간을 파괴하고 사람들을 서로 억압하는" 방식으로 작동한다. 정치적 근대성의 주요 경험들 가운데 하나인 전체주의적 지배 경험은 인간 세계가 창조한 사람들 사이의 공간을 파괴하는 결과를 가져왔다.

그러나 이 세계의 상실은 히틀러의 몰락과 함께 시작된 것도 끝난 것도 아니다. 다른 면에서 아렌트는 전후 소비사회가 이 공통세계common world의 파괴를 촉진한다고 보았다. 상품 소비에 의존하는 삶이 세계의 안정적 구조를 파괴하고, 인간을 고독 상태에 빠지도록 했다는 것이다. 전체주의적 지배와 소비문화는 공동체와 공적 삶의 붕괴를 가져왔다.

사회

탁자라는 공통세계의 이미지는 기독교적 함축을 강하게 띠고 있는 것처럼 보이지만, 아렌트는 그 세계의 구성 요소에 대한 이해, 특히 공적 공간에 대한 규정에서 고대 그리스에 상당히 의존하고 있다. 고대 그리스 철학자 아리스토텔레스에 따르면, 가정/가족의 삶(the oikos)과 도시의 공적 삶(the polis)은 엄격하게 구분되어야 한다. 이 구분에 대해서는 다음 장에서 상세히 논의할 것이다. 아렌트의 핵심 요점은, 고대 그리스에서는 가족과 국가의 공동생활이 구성되는 방식에 중요한 차이가 존재했다는 것이다. 아렌트는 공적 삶과 사적 삶 사이의 이 차이가 근대 세계에서는 사라졌다고 보았다. 특히 공적 삶과 사적 삶 사이의 고대적 구분이 '사회'라는 독특한 근대적 현상의 출현으로 붕괴되었다고 생각했다. 『인간의 조건』에서 아렌트는 다음과 같이 기술한다.

사회란 단지 생활하고자 상호 의존한다는 사실이 공적 의미를 획득하고, 순전히 생존과 연관된 활동들이 공적으로 나타나게 하는 형식이다.(HC : 46)

아렌트가 보기에 18세기 후반에 시작된 근대사회의 발생은 공적·정치적 영역이 '사적 영역private sphere', 즉 가정과 가족 영역이 관심을 두는 문제에 집착하게 되는 결과를 가져왔다. 사회의 발생도 문제지만, 정치경제, 심리학이나 사회학과 같은 근대적인 지식 분야의 출현도 문제다. 아렌트가 보기에 이 학문들은 사회에 대한 객관적 분석을 핑계 삼아 근대사회를 정당화하고 합리화한다. 하이데거뿐 아니라 프랑크푸르트학파의 비판적 이론가들인 아도르노Theodor Wiesengrund Adorno(1903~69)와 호르크하이머Max Horkheimer(1895~1973) 같은 다른 동세대 이론가들처럼 아렌트도 사회과학으로 사회 현실을 정상화·정당화하고 논쟁적인 비판적 사유를 개발하려 노력했다. 아렌트에게 근대사회는 인간 삶의 '당연'하고 '분명한' 조건이 아니라, 오히려 낯설고 끔찍하고 기괴하기조차 한 것으로 보였다.

프랑스혁명

아렌트는 근대사회가 1700년대 후반에 출현했다고 보았다. 이 시기는 중요한 두 가지 정치적 혁명이 미국(1777)과 프랑스(1789)에서 일어난 때이기도 하다. 아렌트의 저작들 가운데 가장 폭넓게 논의되는 저작으로 『혁명론On Revolution』(1963)이 있다. 아렌트를 중요한 혁명 이론가로 각

인시킨 이 책에서 아렌트는 1789년의 프랑스혁명이야말로 정치를 근대 사회를 규정하는 사적 복지에 대한 집착으로 전환시킨 핵심 사건이었다고 주장한다. 아렌트는 이 혁명이 사회의 소외계층의 복지를 중심적인 공적 관심 문제로 만들었다고 생각했다.

아렌트는 근본적으로 프랑스혁명가들이 실천하려 한 '자연권'〔천부인권 사상〕이론에 문제를 제기했다. 아렌트는 '자유'란 함께 행동하는 인

인간 본성, 루소와 프랑스혁명 프랑스혁명에 가장 중요한 지적 영향을 끼친 사람은 사회이론가이자 소설가 겸 철학자인 장 자크 루소Jean-Jacques Rousseau(1712~78)이다. 루소는 인간 존재가 본성적으로 선하고 동정적이며, "자신의 동료가 고통당하는 것을 보면 천성적으로 …… 혐오감"(OR : 81)을 느낀다고 주장했다. 루소는 근본적으로 당대 사회에 비판적이었는데, 그가 보기에 당시의 사회가 사람들을 경쟁적이고 자기중심적이며 사회의 소외계층이 겪는 고통에 냉정하게 만듦으로써 타고난 선성善性을 치명적으로 타락시켰기 때문이다. 루소는 또한 인간이 자연권을 가지고 태어난다고 주장했다. 정치 논문「사회계약론Du contrat social」(1762)의 유명한 첫 문장에서, "인간은 자유로운 존재로 태어나지만 어디에서나 속박당하고 있다."(Rousaeau 1987 : 17)고 기술했다. 루소가 해결하려 한 문제는 이 천부의 자유권이 어떻게 하면 시민사회에서 유지되는 시민연합 형태를 찾을 수 있는가 하는 것이었다. 프랑스혁명의 지도자들, 특히 로베스피에르Maximilien Robespierre(1758~94)는 루소의 국가 이론을 현실에 도입해 인간을 속박에서 해방시키려 노력했지만 비참한 결과만 가져왔다. 아렌트는 프랑스혁명을 인간 본성에 대한 이상주의적 견해에 근거하여 정치혁명을 일으키면 어떤 사태가 도래하는지 보여 주는 핵심 사례로 파악했다. 그녀가 보기에, 루소의 이론은 로베스피에르에 이르러 "전제정치에 대항하는 자유의 전제정치"(BPF : 139)로 변형되었다.

간 존재들이 세계 속에서 만들어 낸 것이지, 자연적 생득권으로서 모든 개별 인간에게 속하는 것은 아니라고 생각했다. 그런데 자연권 개념을 주장한 결과, 프랑스혁명이 대재앙이 되었다고 보았다.

사례 연구 1 : 아렌트와 에드먼드 버크

『혁명론』에서 아렌트는 영국 정치가이자 철학자인 에드먼드 버크 Edmund Burke(1729~97)가 『프랑스혁명에 관한 고찰*Reflections on the Revolution in France*』(1790)에서 프랑스혁명에 가한 공격과 자기 견해 사이의 일치점을 발견한다. 버크 역시 프랑스의 혁명정부가 저지른 실수는 이성을 정부의 토대로 삼았다는 데 있다고 보았다. 이러한 이성적 정부 형식은 루소의 견해를 좇아 모든 인간이 가진 천부의 평등과 자유를 인정한 프랑스혁명의 「인권선언」(1789)에 명시되어 있다. 버크는 이 인권에 대해 "이 이론가들이 단언한 권리들은 모두 극단적이다. 그리고 그것들이 형이상학적으로 진실한 만큼 도덕적 혹은 정치적으로는 거짓이다." (Burke 1999 : 443)라고 기술했다.

버크는 이론과 형이상학 및 진리, 그리고 도덕과 정치 사이의 중요한 차이를 지적한다. 아렌트 또한 프랑스혁명이 이론적 진리의 거짓 이상에 기초했다고 생각했다.

혁명을 실행하기로 한 프랑스 문필가들, 즉 이론가들의 준비는 극단적으로 이론적이었다. …… 그들에게는 의지할 만한 어떤 경험도 없이 오직 그들을 안내하고 고무한, 현실에서 검증되지 않은 이념과 원리만 있었다. 그리

고 이 모든 것이 혁명에 앞서 착상되고 공식화되고 논의되었다.(OR : 120)

아렌트와 버크는 모두 프랑스혁명으로 나타난 새로운 유형의 평등주의 사회의 실험이 경험이 아닌 '이론'에 의존했다고 보았다. 이처럼 이론이 현실을 미리 형성된 이상에 끼워 맞추려 한다는 데 이론의 위험이 있다. 이론이 세계에 체계적 이해를 강제하고, 이론가들이 다양하고 복수적인 현실을 지향적 이상의 통일성 및 특이성과 일치시키려 할 때, 현실은 폭력으로 귀결된다.

혁명의 의미

그렇다면 아렌트는 정치적 보수주의자였는가? 그녀는 의심할 여지없이 정치적 근대성의 조건에 비극적인 견해를 표출했다. 아렌트는 공적 공간과 사적 공간 사이의 고대적 구분이 근대사회의 발생으로 사라졌다고 주장했다. 그러나 프랑스혁명에 대한 아렌트의 비판적 태도는 혁명을 주도한 '이론가'들이 어떻게 프랑스 국민에게서 권력을 빼앗아 사물들을 있는 그대로 지키려 했는지가 아니라 그들 자신의 관심사에 따라 사물들을 변화시키려 했는지에 대한 인식에서 비롯되었다. 아렌트 전기 작가의 말을 빌리자면, 아렌트의 "보수주의에 대한 요청은 혁명적 충동을 위한 수단이었다."(Young-Bruehl 2004 : 317)

아렌트는 혁명주의자는 아니었지만 결코 반혁명주의자도 아니었다. 사실 그녀는 근대의 혁명들이 결코 충분히 혁명적이지 않았다고 생각했다. 혁명적 사회에서 근대적 실험이 실패한 이야기를 하는 것은 아렌트 저작 전반에 걸쳐서 중요한 주장이다. 만일에 인간이 자발적으로 자유롭게, 조화롭게 행동할 수 있는 능력을 계발할 수 있다면, 인간이 벌이는 사업의 힘은 헤아릴 수 없을 정도가 될 것이다. 그러나 근대의 사회적 경험으로 보면, 인간이 믿을 만하고 의미 있는 행동을 수행할 능력을 갖췄다고 보기 어렵다. 오히려 근대 세계는 오직 사회가 무엇과 같아야 하는지, 그리고 그것을 얻으려면 무엇을 취해야 하는지에 대한 이념과 사회적 이론에 지배되고 있다. 그런데 아렌트가 보기에 이 이론들은 행위가 착수되기도 전에 그 행위의 의미를 말해야 한다고 주장하고, 그 과정에서 인간 행위의 창조적 가능성을 파괴한다. 아렌트는 사전에 계획되지 않은, 그리하여 이론적 기대를 따르지 않는 혁명 유형을 상상했다. 특히 '구원받는 미래'라는 이론적 관념에 따라 조종되기보다는 오히려 전통에 대한 자각에서 분출하는 혁명적 행동을 꿈꾸었다. 아렌트는 친구 발터 벤야민처럼 혁명적 행위를 "호랑이의 과거로의 도약"(Benjamin 1992 : 253)이라고 보았다.

이론을 압도하는 '이야기'의 힘

아렌트는 자신이 이해하고 경험한 것을 토대로 20세기 정치 역사의 이야기를 지속적으로 이야기하고 또 이야기하려 한다. 저마다 독특한 사건들의 형식과 성격에 체계적 이론을 강제하는 일이 얼마나 위험한지 경고하기 위함이다. 그래서 아렌트의 주장은 해당 사건에 대한 특별하고 종종 도발적인 견해로 나타났다. 그녀가 그렇게 한 의도는 선동하는 데, 말하자면 사건의 '진실'을 나타내기보다는 오히려 그 사건을 의미 있게 설명할 논쟁을 유발하는 데 있다. 아렌트가 혁명적 행위의 자발성과 창조적 잠재력을 옹호하는 목적 역시 그녀가 왜 사건들을 이해하는 방식으로 이론보다는 이야기를 지지하는지 그 이유를 설명해 준다. 이야기는 이론과 달리 사건이 발생하기 전에 그 사건의 의미를 알아야 한다고 요구하지 않는다. 그저 사건의 뒤를 이을 뿐이다. 아렌트가 『인간의 조건』에서 기술한 대로 "행위는 오직 스토리텔러storyteller에게만, 즉 역사가의 회고적 눈에만 자신을 온전히 드러낸다."(HC : 192)

02

사유와 사회

Hannah Arendt

이제부터 아렌트의 저작들 가운데서 가장 폭넓게 읽히는『인간의 조건 *The Human Condition*』(1958)을 자세히 살펴보자. 크게 보아 아렌트가 주장한 바의 두 가지 국면, 철학적 전통에 대한 공격과 근대사회에 대한 비판을 자세히 들여다볼 것이다. 이 두 가지는 아렌트 사유 전반에 걸쳐 핵심적 영역이고,『인간의 조건』의 독해는 그녀의 사유 세계로 들어가는 통로 구실을 한다. 덧붙여 아렌트가 사용한 문학적 예들을 살펴, 결론적으로『혁명론』(1963)에 담긴 허먼 멜빌의 이야기『빌리 버드』를 아렌트가 어떻게 읽어 내는지를 검토하여 아렌트의 정치 관념을 규명할 것이다.

『인간의 조건』은 참으로 색다른 책이다. 이 책은 근대성이 과거와의 급격한 단절로 이해됨에도 불구하고, 근대 인간이 그 자신과 사회, 그리고 자신의 행위에 대해 갖는 이해가 어떻게 지속적으로 전통적인 철학적·신학적 세계관으로 형성되는지를 이야기한다. 아렌트는 마지막 미완의 저서『정신의 삶*The Life of the Mind*』(1977)에서 평생의 작업을 반성하며 다음과 같이 기술한다.

나는 이제 그리스에서 시작하여 오늘날에 이르기까지 우리가 알고 있 던 범주들을 유지하는 형이상학과 철학을 해체하고자 꽤 오랫동안 시도해 온 사람들의 반열에 분명히 들어섰다. 지금까지는 그러한 해체가 전통의 지속이 끊기고 그 전통이 부활하지 않을 것이라는 가정 아래서만 가능했다.(LM : 212)

해체주의 철학자 자크 데리다Jacques Derrida(1930~2004) 등 좀 더 최근 사상가들의 경우처럼, 아렌트에게도 '형이상학의 해체'는 결코 단순한 작업이 아니었다. 전통적인 철학적 범주들이 우리가 세상을 보는 방식을 계속해서 근본적으로 결정하기 때문이다. 데리다는 에세이 「인문학 담론에 나타난 구조, 기호, 그리고 놀이」에서 "형이상학을 동요시키고자 형이상학적 개념들 없이 지내는 것은 아무 의미도 없다. 이 역사와 아무 관련 없는 어떠한 언어도, 말하자면 어떤 구문도 어휘도 존재하지 않는다"고 말한다.(Derrida 1978 : 280) 데리다와 아렌트 모두, 근대성은 지속적으로 형이상학에 근본적으로 규정되므로 형이상학 전통에서 벗어나야 한다는 주장은 조심해서 다루어야 할 주제라고 보았다.

사유 vs 행위

『인간의 조건』에서 아렌트는 전통에 대한 이 지속적이고 무의식적인 의존을 사유와 행위 간의 관계란 측면에서 기술한다. 사유와 행위의 관계는 아렌트의 사상 전체에 걸쳐서 핵심적 구분이다. 그녀는 근대사회가 어떻게 명상과 기도의 금욕적 삶을 활동적이고 세속적인 작업과 행위의 삶보다 더 '고등한' 삶이라고 이해한 중세의 기독교적 세계관과 급진적으로 단절해 왔는지를 기술한다. 아렌트는 세계를 변화시키고 개선

할 인간 행위의 능력에 대한 새로운 신념으로 근대성modernity을 특징짓는다. 그러나 근대성의 자기 이해는 스스로 극복했다고 여기는, 전통적으로 행위를 폄하해 온 더 오래된 신학적·철학적 범주들에 구속되어 있다. 그러므로 근대 세계는 역설적 상황의 풍부한 증거를 보여 준다. 어디에서나 인간은 근면과 활동을 사고와 반성보다 더 가치 있는 것으로 평가하지만, 그 활동과 근면의 의미는 인간에게 완전히 비밀로 남아 있다.

우주여행과 '세계소외'

아렌트의 책 도입부에 소개된 예를 보면 여기서 의미하는 바가 무엇인지 명료해진다. 『인간의 조건』이 출판되기 한 해 전, 그러니까 1957년 소련이 처음으로 인공위성을 우주로 발사했다. 아렌트는 이 우주 경쟁, 그리고 그 속에 포함된 두 초강대국의 태도가 근대 세계에 대해 폭로한 것에 매료되었다.

> 다른 어떤 사건, 심지어 핵분열보다 그 중요성 면에서 뒤지지 않는 이 사건은 그것에 수반된 불편한 군사적·정치적 환경만 없었더라면 크게 환영을 받았을 것이다. 그러나 기묘하게도 이 기쁨은 승리감이 아니었다. …… 그 순간에 표현된 즉각적 반응은 인간이 지구라는 감옥에서 탈출하는 첫걸음을 떼었다는 안도였다. 그리고 결코 미국 기자의 우연한 실수라고 하기 어려운 이 이상한 진술은 20여 년 전 위대한 러시아 과학자의 장례식 기념비에 새겨진 구절을 무의식중에 떠올리게 했다. "인류가 영원히 지구에 속박되어 있지는 않을 것이다."(HC : 1)

아렌트는 우주 탐험이 근대성의 기술적 발전을 보여 주는 핵심적 사건이라고 이해한다. 그것은 지구상 삶의 제한되고 구속된 조건에서의 탈출 열망이라는 근대 문화의 중요한 국면을 예시한다. 아렌트는 이 열망이 원래 근대적 열망은 아니라고 주장한다. 근대성은 아주 오래된 종교적·철학적 세계관에서 이 지구 탈출 열망을 물려받았다. 우주여행에 대한 욕망은, 중세 신비주의자들이 인간 육체의 조건에서 더 경건하고 영적이거나 초월적인 영역으로 탈출하려 한 욕망의 근대적 등가물이다.

소련의 우주 탐사를 이렇게 기술한 후, 아렌트는『인간의 조건』에서 제기한 '역사적 분석'의 목적을 다음과 같이 요약한다.

> 지구에서 우주로, 그리고 세계에서 자아로 향한 이중의 비행, 즉 근대의 세계소외world alienation를 그 근원까지 거슬러 올라감으로써 새로운 미지의 시대의 출현에 압도당한 바로 그 순간에 정체를 드러낸 사회의 본질을 이해하기 위해서이다.(HC : 6)

달리 말해서, 우주 탐사 욕망은 '세계소외'에 대한 고대의 철학적 태도에서 물려받은 유산이다. 근대성은 여전히 이 '세계소외', 즉 세계 내 존재 조건, 심지어는 근대성의 가장 위대한 성과인 기술적 생산물에 갇힌 존재 조건에서의 탈출 욕망으로 특징지어진다. 우주여행을 가능케 한 근대성의 기술적 발전은 진정 새로운 현상이지만, 그 이면의 철학적 동기는 고대적이라는 것이다. 그 철학적 동기란, 제한된 인간 세계에서 비인간non-human의 무한한 영역으로의 탈출 욕망이다.

인간의 조건, 스토리텔링과 의미

아렌트는 세계를 사람들이 각자의 공통 관심사에 대해 토론할 수 있는 공적이고 공유되며 정치적으로 규정된 공간으로 이해한다. 여기서 문제가 되는 것은, 복수성과 세속성이라는 인간 조건에서 탈출하려는 욕망이다. 이 욕망을 인간의 근본 조건으로 인정해도 이 문제는 풀리지 않는다. 인간의 삶이란 본래부터 속박당하고 제한되어 있지 않은가. 더욱이 인간의 조건을 규정하는 한계가 인간의 삶을 의미 있게 만든다. 어떤 삶이든 두 가지의 근본적 사건, 즉 삶의 시작인 탄생과 삶의 끝인 죽음에 구속되어 있다. 개별적인 삶에 유일한 정체성과 의미를 부여하고, 이 삶을 아렌트가 말한 '탄생에서 죽음에 이르는 인식 가능한 삶의 이야기'(HC : 19)로 변화시키는 것은 그것에 시작과 끝이 있기 때문이다.

인간의 조건에 한계가 있다는 것은, 이 조건을 이야기와 서사의 주제로 만들어 준다. 그러나 개별적 삶의 이야기는 그 삶을 사는 바로 그 사람에 의해 얘기될 수 없다. 오히려 그것은 궁극적으로 타인들, 말하자면 그 사람이 죽은 이후에도 살아남아 전체 이야기를 볼 수 있는 사람들에 의해 얘기되는 이야기다. 구속당한다는 인간 조건이 삶을 의미 있게 만들어 주지만, 이 의미는 궁극적으로 이야기의 '주인공'이 죽은 이후에도 살아남는 공동체에 유효한 것이다. 그래서 아렌트는 한 개인보다는 공동체가 의미의 진정한 원천이라고 본다. "모든 이가 말과 행위로 인간 세계에 참여함으로써 삶을 시작한다 해도 아무나 자기 삶의 이야기의 저자 또는 연출자가 되는 것은 아니다."(HC : 184) 이것은 또한 삶의 의미를 추구하는 데 우리가 "스스로는 지각할 수 없는 우리 자신의 독특함을 보는 타인들에게 의존한다"(HC : 243)는 사실을 함축하기도 한다.

사회와 '내적 망명'

세계에서 탈출하려는 시도는 인간 조건과 관련된 의미를 희생할 위험이 있다. 우주 비행은 분명 세계에서 탈출하려는 욕망의 극적인 이미지다. 그러나 아렌트에 따르면, 근대성 또한 '세계로부터 자아로의 비행'으로 규정할 수 있다. 우주 비행이 인간을 세계에서 멀리 데리고 간다면, 자아로의 비행은 개별 자아들이 공통의 인간 세계를 거부하는 내적 망명의 형태로 일어난다.

이 '내적' 세계소외는 아렌트가 19세기에 공적 문화의 붕괴와 뒤이어 나타난 전체주의의 출현을 설명하는 중요 요소이다.(6장과 7장 참조) 그런데 이 세계에서 자아로의 비행은 18세기 후반 유럽 전역에서 전개된 낭만주의 예술에서 처음 시도되었다.

낭만주의ROMANTICISM 아렌트에 따르면, 18세기 후반에서 19세기 초반에 이르는 낭만주의 시기에 근대사회가 처음으로 정의되기 시작했다. 사회는 공적 · 정치적 영역의 자유를 새로운 소비중심주의 및 순응주의 문화로 훼손하기 시작했다. 이 기간에 번성한 낭만주의 예술은 종종 이 새로운 소비사회에 대한 의도적 반발로 해석되었다. 낭만주의 작가들은 주로 친밀성 혹은 예술적 창조성과 관련된 가치들 편에서 이 새로운 사회 가치들을 거부했다. 영국의 낭만주의 시인 윌리엄 워즈워스William Wordsworth(1770~1850)는 1802년 "도시인의 재산 증대가 그들의 정신을 거의 야만적인 마비 상태에 빠뜨리는 결과를 가져왔다"(Wordsworth and Coleridge 1963 : 249)고 썼다. 아렌트는 새로운 친밀성과 자기 몰입의 입장에서 이루어진 사회 거부를 낭만주의에 중대한 영향을 준 장 자크 루소의 작업과 연관시킨다. "루소와 낭만주의자들이 친밀성을 발견한 사회에 대한 반항은 무엇보다도 먼저 그 사회의 평준화 요구, 그리고 오늘날 모든 사회에 내재하는 이른바 순응주의를 겨냥한다."(HC : 39)

'세계소외', 즉 공동의 공적 세계에서 탈출하려는 욕망은, 아렌트에 따르면 결코 새로운 것이 아니다. 그것은 근대사회 초기에 생산된 낭만주의 예술은 물론이고 고대의 철학과 중세의 신학적 세계관에 뿌리를 두고 있다. 그러나 이 탈출이 가능해진 것은 20세기 들어서이다. 기술은 인간에게 우주여행으로 지구를 육체적으로 완전히 떠날 수 있는 가능성을 제공했고, 핵무기의 경우처럼 세계를 파괴할 수 있는 능력, 그리고 그 무기로 삶 자체의 인간 조건을 파괴할 수 있는 능력을 제공했다. 달리 보면, 누구나 똑같아지기를 요구하고 개인들을 소비중심주의와 순응주의에 빠지도록 강제하는 사회의 발생이 공적 세계를 황폐화시켜 개인들을 점점 더 공적 세계에서 완전히 벗어나 내성(內省)과 고독 속으로 탈출하고 싶은 충동에 휩싸이게 만들었다. 결국 세계로부터의 탈출이 철학자의 꿈이나 예술적 실험이 아니라 실제로 가능해진 것은 20세기에 들어서이다.

'세계소외'의 철학적 배경

'세계소외'의 욕망은 어디에서 비롯되었는가? 『인간의 조건』은 세계소외의 계보를 고대 그리스 철학자 플라톤의 작업으로까지 거슬러 올라가 추적한다. 플라톤은 아렌트에게 매우 중요한 철학자이다. 그는 공적 세계를 환영과 기만적 현상의 세계로 규정하고, 진정한 의미의 원천으로서 철학자들에게만 유효한 순수 이념의 초세속적 세계에 특별한 의미를 부여한 최초의 철학자이기 때문이다. 플라톤은 정치 연구서 『국가』 제7권에 나오는 유명한 동굴 우화에서 이런 작업을 수행했다.

플라톤의 동굴 우화

플라톤은 이 우화에서 스승 소크라테스와 그의 제자들 중 한 명인 글라우콘 사이에 오간 철학자와 공적 세계의 관계에 대한 대화를 기록한다. 소크라테스는 인간 대부분이, 진리와 아름다움 같은 고등한 주제에 몰두하는 철학자만이 그 실상을 꿰뚫어 볼 수 있는 환영과 속박 상태에서 살고 있다고 말한다. 소크라테스는 동료 인간들과 그들의 기만적 관심사로부터의 소외가 역설적이게도 철학자야말로 모든 인간을 다스릴 수 있는 능력을 갖춘 적임자임을 의미한다고 주장한다. 소크라테스는 글라우콘에게 인간의 조건을 일종의 감금 상태로 상상해 보라고 한다.

> 지하의 동굴 같은 거처에서, 불빛 쪽으로 길게 난 입구가 동굴의 전체 너비만큼이나 넓은 그런 동굴에서 어릴 적부터 사지와 목을 결박당한 채로 있는 사람들을 상상해 보게. 그래서 이들은 이곳에 머물러 있으면서 앞만 보도록 되어 있고, 포박 때문에 머리를 돌릴 수도 없다네. 이들의 뒤쪽에서는 멀리 위쪽에서 불빛이 타오르고 있네. 이 불과 죄수들 사이에는 위쪽으로 가로로 길이 하나 나 있는데, 이 길을 따라 인형 조종자들이 사람들 앞에 쳐 놓고 인형극을 상연하는 휘장처럼 담이 세워져 있다고 상상해 보게.(Plato 1991 : 193)

이 인간 존재들은 늘 동굴 안에 갇혀 있기 때문에 자신들이 죄수임을 알지 못한다. 같은 이유로 그들은 자신들이 본, 불빛 때문에 벽면에 비춰진 그림자들이 반영물, 즉 실제 상황이 아니라 인형극과 같은 환영이라는 것을 알지 못한다. 아렌트는 이 플라톤의 동굴 우화에서 핵심 요점

세 가지를 도출한다. 첫째는, 플라톤의 말대로 우리가 우리 삶에서 보는 것은 근본적으로 환영에 불과하다는 것이다. 우리가 지각하는 것은 하나의 효과, 즉 우리가 볼 수 없는 빛으로 반사된 일련의 그림자들이다. 둘째, 환영의 근원인 빛을 볼 수 없기 때문에, 그리고 그 그림자가 우리가 그동안 보아 왔던 것의 전부이기 때문에, 우리가 단지 환영을 지각할 뿐이라는 것도, 우리 자신을 결정하는 또 다른 세계, 즉 더 높고 진실한 세계가 존재한다는 것도 알지 못한다는 것이다. 세 번째 요점은, 우리가 어려서부터 동굴 속에 묶여 있기 때문에 이 환영 상태를 항상 강요받는다는 것이다.

아렌트의 관점에서 볼 때, 이 동굴 우화는 근대 사회사상의 많은 이념들, 가장 두드러지게는 마르크스주의자들의 이데올로기 이론의 중요한 원천이다. 마르크스주의 이데올로기론에 따르면, 우리의 사회적 관계는 환영에 의존하고, 우리는 그런 보이지 않는 이데올로기적 힘들이 우리의 행동을 결정한다는 사실을 모른 채 그 이데올로기적 힘들이 조종하는 특정한 방식으로 행동하게 된다.(3장 참조) 플라톤은 동굴에서 벗어나 이데아 영역의 밝은 빛으로 나아갈 수 있는 사람은 오직 철학자뿐이라고 주장한다. 철학자는 그 환영이 환영에 불과하다는 것을 아는 유일한 사람이다. 그 결과, 철학자는 자신이 꿰뚫어 본 환영에 속박되어 있는 사회 속에서 불안하고 고독해진다.

진리 vs 설득

아렌트는 사회적 관계를 근본적으로 강제적이고 환영적이라고 보는 인식, 그리고 철학을 환영으로부터의 해방이라고 보는 인식에 이의를 제기한다. 아렌트는 1954년 노트르담 대학에서 행한 강연에서 플라톤의 사상이 그 이후의 세계소외의 기조를 형성했다고 이야기한다. 전형적으로 철학적인 사유 형식, 또는 소위 '변증법'과, 설득을 목표로 하는 '명백히 정치적인 연설 형식'(PP : 79) 사이의 풀리지 않는 대립을 밝힌 것이다. 플라톤은 설득, 즉 다른 사람들을 설득하여 하나의 의견을 갖게 하는 시도는 신뢰받을 수 없는데, 그 이유는 설득이 동굴의 환영과 밀접하게 관련되어 있기 때문이라고 생각한다. 아렌트는 강연에서 플라톤의 의심이 고대 그리스보다는 그 이후의 철학과 사회에, 그리고 정치와의 관계를 어떻게 이해해야 하는지와 관련하여 매우 큰 영향을 끼쳤다고 말한다.

아렌트가 보기에, 플라톤이 변증법의 편에서 설득을 거부한 것은 사람들이 똑같이 타당한 것일 수 있는 서로 다른 의견들을 가질 수도 있다는 생각, 그리고 세계가 서로 다른 사람들의 상이한 현실적 입장에 따라 다르게 나타날 수도 있다는 생각을 거부한 것이다. 플라톤은 연설과 설득의 공적 영역을 외면하고, 변증법적 사유로써 동굴의 환영을 꿰뚫어 보는 철학자만이 인식할 수 있는 이데아를 신뢰한다. 이 이데아는 연설과 설득, 그리고 모든 현상의 너머에 존재한다. 그것은 절대적 진리라는 초월적 영역에 존재한다. 아렌트는 플라톤의 철학이 근본적으로 정치적 실천을 거부하고, 결국에는 공적 세계를 떠난다고 생각한다. 그래서 플라톤의 이상적 공화국을 '이데오크라시ideocracy', 즉 이데아가 지배하는 국가라고 기술한다.(PP : 77)

아렌트는 플라톤과 그가 고취한 철학적 전통을 바꾸려 노력했다. 현상의 공간인 공적 공간이 절대적 이데아의 영역인 '진리'에 접근할 수 없다고 해도, 설득이 의미 있는 세계관을 형성할 수 있다고 보았다. 아렌트는 근본적인 인간의 조건으로서 복수성을 수용할 필요와 서로 다른 의견을 갖는 것에 동의한다. 또한 서로 다른 의견들을 조정하는 방법으로 설득의 수사적 형식인 '연설'을 존중해야 한다고 생각한다. 아렌트는 강연에서 "세계는 모든 인간이 세계 속에서 차지하는 위치에 따라 다르게 나타난다"(PP : 80)고 주장한다. 사물들이 우리가 보는 것과는 달리 존재할지도 모르는 공적 영역에 우리가 존재한다고 해도, 이것이 우리가 공적 영역을 완전히 버리기를 바랄 수 있거나 또는 정말로 그래야 한다는 것을 의미하지 않는다.

플라톤과 이론의 발생

아렌트는 철학 전통 전체가 플라톤이 정치와 정치적 연설에 보인 불신으로 채색되어 왔다고 파악한다. 그러나 이것이 철학이 정치에서 완전히 멀어졌다고 말하는 것은 아니다. 플라톤이 제시한 형식의 철학은 철학이 공적 영역과 모순된다는 것을 인지하면서도, 철학적 지식과 철학적 삶의 방식의 관점에서 공적 영역을 지배하고 조직하려 한 정치 이론의 전통을 개발해 왔다. 아렌트는 이 정치 이론의 전통이 그리스에서 기독교 문화를 통해 서구에 전해졌다고 주장한다.

행위를 포함하여 모든 종류의 활동에 대한 관조의 엄청난 우월성은 기독교에서 기원한 것이 아니다. 플라톤의 정치철학에서 그 기원이 발견된다. 플라톤의 정치철학에서 도시국가(폴리스)의 삶을 완전히 이상적으로 재편하는 일은 철학자의 탁월한 통찰에 따라 이루어져야 할 뿐만 아니라, 거기에 철학적 삶의 방식을 가능케 하는 것 이외에 어떤 목적도 없어야 한다. 서로 다른 삶의 방식에 대한 아리스토텔레스의 명확한 구분은 분명 관조의 이상에 따라 이루어지는데, 그 질서 속에서 쾌락적 삶은 별로 중요한 역할을 하지 않는다.(HC : 14)

아렌트가 보기에, 철학적 삶의 방식이 이상적인 삶의 방식이라고 주장하는 철학은 늘 인간 행위의 다른 형식을 '이론' 또는 관조에 전념하는 철학적 삶과 부적절하게 비교함으로써 현실에 폭력을 가해 왔다. 먼 옛날부터 철학자 및 신학자들에게 사유보다 열등한 것으로 치부된 행위에는 정치적 연설뿐 아니라 예술 감상같이 즐거움을 유발하는 활동도 포함된다. 이 인용문에서 아렌트는 이러한 태도가 기독교 문화 속으로 상속되었다고 주장한다. 기독교 문화는 아리스토텔레스의 사유하는 삶 또는 '테오리아theōria'(觀想. 어떠한 편견도 없이 대상을 있는 그대로 바라보는 관조 정신) 이해를 수도원의 '관조' 개념으로 번역한다. 아렌트는 인간 육체에 대한 기독교의 적대감 또한 플라톤과 아리스토텔레스에게서 물려받았다고 본다. 아렌트에 따르면, 플라톤은 육체를 정치 및 정치적 영역과 동의어로, 영혼을 철학과 동의어로 보았다. 그러므로 철학자가 진정한 철학자가 되면 될수록 "그는 더욱더 자신의 육체와 분리된다."(PP : 93)

아렌트는 이처럼 인간 행위의 현실과 복잡성을 경멸하는 태도가, 고대 이론의 오만한 태도에서 벗어나야 한다고 주장한 근대의 주요 철학자들의 작업에조차 잔존한다고 했다. 특히 카를 마르크스와 프리드리히 니체에 초점을 맞춰, 근대 철학자들이 '삶'(니체의 경우)과 노동(마르크스

의 경우)의 대안적 이념을 개발하여 관조의 우월성에 도전하려 할 때조
차 그들은 깨닫지 못했겠지만 이러한 사고의 특권에 속박되어 있다. 카
를 마르크스는 행위와 물질적 사회관계를 다룬 사상가로 유명하지만,
아렌트에 따르면 그가 생산을 다루는 방식은 전체적으로 반反 정치적 철
학 전통에 머문다는 점에서 기묘하게도 역설적이다.

마르크스

아렌트는 마르크스 같은 근대 철학자들이 기본적으로 플라톤적 세계관
을 가지고, 그래서 결국 정치가 진정 의미하는 바가 무엇인지를 사유하
지 못하는 까닭이, 그들이 정치 이론가이기보다는 사회 이론가들이기 때
문이라고 보았다. 그녀는 정치 이론과 사회 이론이 뚜렷이 구분되지만
겹치는 개념이라고 생각했다. 마르크스는 아렌트의 용어로 '정치적'이지
않은데, 그 이유는 그의 관심이 기본적으로 정치 연설과 행위가 아니라
사회복지와 경제에 있기 때문이다. 아렌트는 마르크스도 플라톤처럼 정
치적 영역이 환영에 지배당하는 것으로 이해했다고 파악한다.

근대 세계에서 사회적 영역과 정치적 영역의 구분은 〔고대에서보다〕 훨
씬 덜 분명하다. 정치는 단지 사회의 한 기능에 불과하다. 행위와 언어, 그
리고 사유가 본래 사회적 이익에 기초한 상부구조라는 사실은 마르크스가
발견한 것이 아니라 반대로 그가 근대의 정치경제학자들에게서 무비판적
으로 받아들인 자명한 가정이다.(HC : 33)

아렌트는 사적 이익이 공적 관심이 되고, 공적 영역과 사적 영역의 고대적 구분이 흐려졌다는 것이 근대사회의 특징적인 삶의 방식이라고 보았다. 결정적으로 근대사회의 발전은 연설을 통한 자유로운 의견 교환을 보장하는 공적 공간의 독특한 목적을 전부 사라지게 했다.

공적 공간과 사적 공간의 구분은 아렌트 사상 전반에 걸쳐 핵심적인 요소이다. 그래서 이를 좀 더 살펴볼 필요가 있다.

공적 영역 vs 사적 영역

아리스토텔레스의 『정치학*Politics*』에 따르면, 시민의 삶은 완전 별개의 두 영역, 즉 가정(oikos)과 도시(poils)로 구분된다. 아리스토텔레스는 가정을 지배하는 질서가 도시를 지배하는 질서와는 전혀 다르다고 생각한다. "가정 영역의 두드러진 특징은 가족의 공동생활이 구성원의 욕구와 필요에 따라 추동된다는 것이다."(HC : 30)

아렌트의 아리스토텔레스 해석에 따르면, 고대의 가족이나 가정은 자연스러운 육체적 필요, 즉 육체적 · 물질적 인간 자아의 주거와 음식, 휴식 등의 필요를 충족시킨다. 욕구와 필요의 육체적 조건들이 자발적인 것이 아니기 때문에, 즉 의지에 따라 선택하거나 피할 수 있는 것들이 아니기 때문에, 고대 그리스인들에게는 가정이 필연성의 지배를 받는 공간이었다. 달리 말해서, 우리의 욕구와 육체가 가정에 묶여 있기 때문에 우리는 결코 가정에서 벗어날 수 없다. 인간의 삶을 이해하는 아리스토텔레스의 방식에 따르면, 육체는 궁극적인 인간의 조건이다. 그것이 우리를 지구에 결박하고 자유의 성취를 제한한다. 이와 반대로 폴리스는 '자유의 영역'이며, 폴리스의 자유에 참여하는 조건은 "삶에 필수적인 것들을 충족한 데"(HC : 30)서 나온다. 고대 아테네인들은 가정 삶에 필요한 노동을 수행할 노예들을 소유하는 것으로 이 필수 요소를 충족시켰다. 고대의 정치는 폴리스에서 의견을 자유롭게 표현하고, 연설로 타인을 설득하려는 시도로 구성되었다.

다른 한편으로, 가정 영역은 폭력에 지배되었다. 아렌트의 주장에 따르면, "이 영역에서는 강제와 폭력이 정당화되는데, 그 이유는 그것이 필연성을 충족하는 유일한 수단이기 때문이다."(HC : 31) 이 가정의 법은 공적 영역에서는 절대로 나타날 수 없다. 왜냐하면 "폭력 그 자체로는 연설을 불가능하게 하기 때문이다."(OR : 19) 아렌트에게 연설은 정치와 문명의 지표인 셈이다. 비판적 사상가인 슬라보예 지젝Slavoj Žižek(1949~)은 "언어 사용과 폭력의 단념이 종종 하나의 동일한 태도의 두 국면으로 이해된다"(Žižek 2008 : 52)고 말한다. 이러한 연설과 폭력의 대립, 그리고 이 대립이 실증하는 자유 연설 영역으로서의 문명 개념은 많은 비판적 사상가들에게 공격받았다. 정신분석학자 자크 라캉Jacques Lacan(1901~81), 그리고 연설이 폭력 행위와 긴밀하게 관련되어 있다고 보는 해체주의 철학자 자크 데리다가 대표적 사례이다. 그러나 아렌트는 이 구분의 필요성을 고수한다.

아렌트는 근대사회에서 공적 영역과 사적 영역의 구분이 모호해진 결과가 대재앙을 불러왔다고 주장한다. 분명 사적인 관심사가 공적 영역에 이입됨으로써 공적 공간이 고대 그리스에서는 사적 영역의 특징이었던 폭력으로 오염되었다. 그리고 사회는 자유롭게 표출되는 다양한 의견들을 잃어버렸다. "사회는 항상 그 구성원들이 마치 하나의 의견과 하

나의 이해관계만을 가진 거대한 가족 구성원인 양 행동하기를 요구한다."(HC : 39)

사회와 행위

아렌트의 작업은 사회화가 근대적 자아에 미치는 효과에 대한 설명, 더불어 그녀에게는 그 자아의 왜곡된 경험을 정당화하고 합법화하는 것처럼 보이는 사이비 과학적 사회 이론에 대한 거센 반박으로 특징지어진다. 특히 『전체주의의 기원』에서 19세기 후반과 20세기 초반의 대안적 사회학을 다룬다. 이 사회학은 개인적 인격의 자유를 박탈하여 억압적 순응주의로 대체하는, 대중사회가 그 구성원들인 인간의 인격에 끼친 영향을 고찰한다. 『인간의 조건』에서도 이 문제를 간단히 언급하는데, 여기서 아렌트는 '행동주의behaviourism'라는 사회과학적 개념에 분노한다.

> 중요한 것은, 사회가 모든 수준에서 이전에는 가정에서 배제되었던 행위의 가능성을 배제한다는 점이다. 그 대신에 사회는 그 구성원들에게서 특정한 행동을 기대하고, 헤아릴 수 없이 많은 다양한 규칙들을 부과한다. 그 모든 규칙은 구성원들을 '정상화'하여 행동하도록 하고, 자발적 행위나 현저한 성취를 불가능하게 하는 경향을 띤다.(HC : 40)

'행동behaviour' 개념은 개인의 행위를 제한하는 특정 지배 코드에 따라 행위하는 것, 달리 말해서 사회적 기대에 순응하는 것을 함축한다. 최근에는 '동료 집단에서 받는 사회적 압력peer pressure', 즉 개인들에 대한 행위 규범의 부과로 이 행동 개념이 기술된다. 사회적으로 수용되려면 이 행위 규범을 준수해야 한다. 그래서 아렌트는 근대사회가 본질적으로 부자유와 폭력적 강요와 밀접한 관계가 있다고 보았다. 근대사회는 인간 행위의 창조적이고 자발적인 잠재력을 박탈하고, 개인들에게 동일한 방식으로 행동하라고 요구한다. 후기 에세이 『폭력의 세기On Violence』(1970)에서, 아렌트는 "자동적으로 따라서 예상대로 행동해 오던 것을 중단하는 것이야말로 단순한 행동behaviour과는 구별되는 모든 행위action의 …… 기능"(CR : 132-33)이라고 주장한다. 그리고 현재 상황에서는 인간 행위에 대한 여러 형태의 사회관습적 통제가 예정되지 않은 또는 각본에 따라 움직이지 않는 방식으로 행위할 수 있는 가능성을 박탈한다고 생각했다.

사례 연구 2 : 『빌리 버드』

동시대 독자들에게 아렌트의 논의가 특히 불쾌한 것은, 아렌트가 본질적 가치 영역으로서의 자연 또는 '자연적' 세계에 대한 모든 애착을 고의적으로 유기한다는 것이다. 아렌트에게 자연은 본질적으로 자유의 결여, 필연성, 그리고 궁극적으로는 폭력과 관련되어 있다. 이런 시각에서 '자연'은 사적 영역이자 육체와 가족 관계의 영역이다. 그것은 개인이 완전히 공적 시민, 폴리스의 구성원이 되려면 거기에서 해방되어야 할 영역이다. 아렌트는 자연이 사적 영역에 확고하게 남아 있어야 한다고 주장한다. 아렌트가 대중사회를 이해하는 한 방법은 "자연적인 것의 …… 비자연적인 성장"(HC : 47) 같은 것이다. 달리 말해서, 아렌트는 자연적 힘이 너무 무성해져서 공적 영역을 질식시키는 공간이 전체주의 국가라고 생각한다. 이는 환경 문제를 핵심적인 공적 사안으로 받아들이는 우리 시대의 시각으로 보자면 매우 불쾌한 주장이다. 아렌트의 주장은 또한 자연을, 아렌트 비평가의 말을 빌리자면, "인간 삶을 위한 안정적이고 편안한 무대이며, 근대 도시의 인공적 세계보다는 훨씬 덜 적대적인 무대"(Canovan 1992 : 107)로 보는 전형적인 후기 낭만주의 자연관, 그리고 인간이 자연권을 가지고 태어났다고 보는 루소의 인식(1장 참조)과도 대립된다.

『혁명론』(1963)에서 아렌트는 허먼 멜빌의 이야기 『빌리 버드Billy Budd』를 프랑스혁명의 정치적 실패에 대한 알레고리로 읽는다. 그녀는 멜빌이 이 이야기에서 "프랑스혁명을 이끈 사람들에게, 그리고 인간이 자연적 상태에서는 선하지만 사회에서는 사악해진다는 그들의 주장에 직접 대꾸하는 방법을 찾았다."(OR : 83)고 본다. 이 멜빌 독해는 이론이 인간 경험에 가한 폭력과 싸우는 방법으로 어떻게 스토리텔링을 이용할 수 있는지를 보여 주는 유용한 예이기도 하다.

멜빌의 이야기는 프랑스혁명을 배경으로 영국인 선원 빌리 버드가 겪은 이야기다. 빌리는 의미심장하게도 '인권Rights of Man'이라 불리는 상선에서 벨리포텐트 군함으로 강제 징집되는데, 거기서 그는 선임하사관 클래가트의 시기를 받는다. 아렌트에 따르면, 빌리 버드는 "미덕을 넘어선 선성goodness", 그리고 "자연적 선성natural goodness"(OR : 83)을 지닌 인물이다. 실제로 소설에서 빌리는 끊임없이 일종의 구세주적 인물, "신의 천사"(Melvile : 51)로 묘사된다. 빌리는 본질적으로 비세속적이고 거의 구세주적인, 프랑스혁명의 사회 이론에서 말하는 자연적 인간에 해당하는 인물이다. 반면 클래가트는 순수한 악, "악덕을 넘어선 악 그 자체"(OR : 83)를 구현한다. 클래가트는 빌리를 시기하여 빌리가 선상 폭동을 선동했다고 고발하고 위증한다. 그때 순수하고 자연적인 순진무구함을 대변하는 빌리가 그를 한 대 쳐서 죽인다. 아렌트는 "선성이 '자연'의 일부이기 때문에 행위하지 않고 강압적으로 그리고 정말 폭력적으로 그 자신을 주장한다는 데 이 대목의 위대함이 있다"(OR : 83)고 말한다. 아렌트에 따르면, 이 이야기는 '자연적 선성'이 얼마나 순수한 악만큼이나 폭력적일 수 있는지를 보여 주고, 그리하여 자연적 순진무구함에 대한 프랑스혁명론자들의 믿음을 반박한다.

빌리의 이야기는 자연적 선성이 공적 방식으로 '행위'하는 것이 아니라 오히려 그것이 공적 공간에 나타날 때, 그리고 불의에 대한 보복을 요청받을 때 즉시 폭력으로 환원된다는 것을 보여 준다. 동일한 방식으로, 프랑스혁명론자들의 수사학에서 소외 계층의 고통에 대한 관심의 공표는, 아렌트에 따르자면, 곧바로 파리의 거리 폭동과 그 소외 계층의 적으로 보이는 사람들에 대한 참수를 불러왔다. 빌리는 클래가트가 자신에 대한 거짓 증언을 하자 말로 자신을 변호하지 못하고 클래가트를 때린다. 빌리는 습관적으로 말을 더듬는 데다 몹시 흥분해서 거짓 고발을 반박하지 못하고, 그 대신에 무언의 폭력 행위에 의지한다. 아렌트에 따르면, 결국 빌리는 근대성에서 무언의 순진무구함이 공적으로 출현함으로써 나타나는 비극적이고 폭력적인 결과를 표상한다. 이 순진무구함은 세계에서 자기 입장을 갖고 다른 사람들과 협상하거나 그들을 설득하지 못한다. 그런 면에서 그것은 전제적이고 절대주의적이다. "멜빌에게는 인권 속에 포함되어 있는 이 절대성이 정치적 영역으로 들어오는 순

간, 모든 사람이 파멸에 이른다."(OR : 84) 멜빌의 이야기는 바로 이론의
절대주의를 경고하고, 그것에 대한 대안을 제공하는 이야기다.

'정치'를 상실한 근대성의 계보

『인간의 조건』에서 아렌트는 예외적으로 근대성의 계보 이야기를 긴 안목으로 논의한다. 여기서 전제되는 가정은, 근대성의 분열적이고 순응적인 사회 경험을 이해하려면 먼저 고대 그리스의 철학 경험, 그리고 가정적 삶과 정치적 삶의 구분을 이해해야 한다는 것이다. 이 전망은 마르크스주의처럼 근대사회의 조건에 대한 급진적 비평들이 왜 그 문제의 일부로 되돌아가는지를 설명하는 데 도움을 준다. 여기서 아렌트는 행위가 만일 사회적 경험과 철학적 전통에서 비롯된 불화에서 자유로워질 수 있다면, 실제 인간 행위의 가능성이 과연 무엇인지를 탐구하려면 전통 전체에서 유쾌하게 벗어나야 한다고 말한다. 이 탐구 내용은 다음 장에서 더 자세히 살펴보자. 전체 서구 사상과 사회 경험에서의 급진적 일탈은 당연히 그 탐구를 지원하고 규정할 어떠한 방법론도 물려받지 않았다. 아렌트는 스토리텔링storytelling이야말로 이 새롭고 유쾌한 사유 방식을 향한 출발점이라고 보았다.『인간의 조건』은 그 자체가 하나의 이야기, 즉 근대성이 어떻게 극복했다고 여긴 전통에서 제 정체성을 물려받았는지에 대한 이야기다. 아렌트는 또한 예외적으로 타인들이 얘기한 이야기들의 예리하고 독창적인 독자이기도 하다. 그녀는 근대의 글쓰기, 특히 낭만주의 시기 이후의 글쓰기를 자신이 전달하려한, 사회적 경험에 대한 중요한 보고로 이해한다. 허먼 멜빌의『빌리 버드』(1924)에 대한 아렌트의 독해를 이어서 살펴보자. 근대의 사회적 경험에 나타난 정치의 상실을 아렌트 식으로 이해하기 위해서.

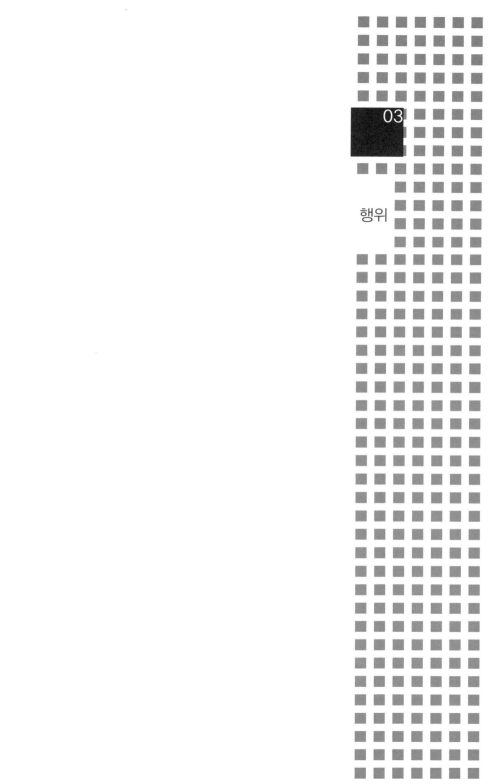

03

행위

Hannah Arendt

이 장의 제목은 인간을 근본적으로 합리적으로 사유하는 능력을 지닌 존재로 규정하는 것과는 반대로, 인간을 '행위act'하는 존재 또는 사회 속에서 일하는 존재로 이해하는 견해를 포괄적으로 언급한다. 아렌트는 근대 세계에서는 인간이 사유하는 존재라기보다는 행위하는 존재로 규정되었고, 인간에 대한 이러한 규정이 근대 세계가 전통과 단절하는 핵심 국면을 이룬다고 생각했다. 이 장에서는 아렌트를 따라 근대사회에서 왜 행위가 근본적으로 무의미해졌는지 그 이유를 탐구한다.

여기서 등장하는 수많은 동시대 사상가들과 달리, 아렌트는 사회에서의 행위가 '본래부터' 무의미하다거나 사회적 행위자들이 의미 있는 방식으로 행위하는 것이 불가능하다고 생각하지 않는다. 그녀는 정치적 혁명을 행위가 적당한 조건에서 어떻게 사회 속에서 의미를 가지게 되는지를 보여 주는 핵심 사례로 다룬다.(1장 참조) 아렌트에게 행위의 의미를 묻는 질문은 무엇이 유의미한 정치를 만드는지에 대한 질문과 연결된다. 유의미한 사회적 행위의 의미를 발견하려는 아렌트의 노력은 또한 더 특수한 '행위' 유형, 즉 극장의 무대 위 행위를 고찰하는 데로 나아간다. 극장은 인간 행위의 근본적 무의미와 무가치에 대한 비유로 널리 쓰였다. 이 장에서는 아렌트가 어떻게 극장에 대한 철학적 이해를 전복하는지, 그리고 극장의 예를 유의미한 행위의 가능성을 이해하는 안내자로 이용하는지를 살펴보자.

행위와 철학

여기서 행위란 무엇인가?『인간의 조건』에서 아렌트는 의미 있는 행위로 자아와 사회의 타인들 사이의 관계를 열 수 있는 방법들을 기술한다. 여기서 행위는 타인들이 어떤 인간 자아를 알아볼 수 있도록 그 자아를 다르게 드러내 준다. 행위에 대한 아렌트의 또 다른 핵심적 주장은, 공동체가 예술과 스토리텔링을 통해 그 공동체 구성원들이 수행하는 행위의 의미를 인지하고 이해하며 근본적으로 알 수 있다는 것이다. 이후의 비판적 사유의 관점에서 보면 이 주장들이 순진하다고는 할 수 없어도 이상주의적으로 보일 수는 있다. 특히 마르크스주의적 이데올로기 개념으로 작업하는 비판적 사상가들에게는 인간 행위의 의미가 행위자, 또는 이데올로기적 환영 상태에서 행위한다고 이해되는 이데올로기적 주체에게는 감춰진 채로 존재한다.

아렌트는 우리가 환영 상태에서 행위한다고 보는 관념을 찾아 플라톤, 그리고 그가 처음 제시한 철학적 세계소외 상태로 거슬러 올라간다.(2장 참조)『인간의 조건』에서 그녀는 다음과 같이 기술한다.

플라톤이 인간사 …… 즉, 행위(실천praxis)의 결과를 너무 진지하게 취급해서는 안 된다고 생각한 것은 바로 이러한 이유 때문이다. 인간의 행위는 그 무대 뒤의 보이지 않는 손에 조종되는 꼭두각시의 동작과 비슷하고, 그

래서 인간은 일종의 신의 장난감처럼 여겨진다.(HC : 185)

플라톤에게는 인간이 자기 행위의 의미를 알 수 없다는 것은 자명하다. 플라톤은 인간이 자유롭게 행위하는 것이 아니라, 오히려 인간 모르게 그를 가지고 노는 더 높은 어떤 힘에 조종당하는 일종의 꼭두각시에 불과하다고 주장한다. 이러한 환영을 인지하는 까닭에 플라톤 학파의 철학자는 마치 인간을 가지고 노는 신처럼 인간의 행위를 진지하게 다루지 않는다.

철학은 이러한 개념 규정에 따라 행위 또는 행위자 자신에게 의미가 있을지도 모를 가능성을 버리는 듯하다. 그 대신에 그 의미를 무대 뒤에 있으면서 행위자의 행위를 통제하는 비인격적 힘에 귀속시키고 싶어 한다. 아렌트는 이러한 인간 행위에 대한 플라톤적인 관점이 근대 세계의 규범이 되었다고 보았다. 예를 들어 마르크스주의 역사철학은 행위의 의미에 대한 인간의 지각을 비슷한 방식으로 제한한다. 노동자를 착취하는 공장 소유주는 단지 저렴한 비용으로 공장을 계속 가동하려고 노력하는 것이라 생각할 수도 있다. 그 소유주가 제 양심을 들여다본다면 자신이 이기적 동기로 행위하고 있다는 것을 시인할 수도 있다. 사실 마르크스주의적 분석에 따르면 이 두 가지 해석 모두 그가 하는 행위의 의미를 설명하지 못한다. 마르크스주의적 분석에 따르면, 노동자들을 착취하는 공장 소유주는 자신의 계급, 즉 부르주아의 이익을 촉진하고 있는 것인데, 이것은 그가 그 계급에 소속되어 있다고 이해하든 하지 못하든 마찬가지다. 그의 행위에 담긴 진정한 의미는 그가 자신에 대해 지닌, 그리고 그가 속한 실제 사회적·경제적 조건이라고 잘못 알고 있는 신념 체계로 인해 정작 그에게는 감춰진다.

　이 같은 이데올로기 논의는 마르크스가 플라톤처럼 오직 철학자만이 사회적 삶의 환영을 꿰뚫어 볼 수 있다고 확신한다는 것을 의미한다. 1851년 발생한 프랑스 쿠데타를 풍자한 『루이 보나파르트의 18번째 브뤼메르*Der 18te Brumaire des Louis Napoleon*』(1852)의 유명한 구절에서, 마르크스는 인간의 정치적 일을 기만과 환영 상태로 묘사한 플라톤과 동일한 극장 은유를 사용한다.

　헤겔은 어디에선가 세계 역사에서 매우 중요한 모든 사실과 인물은 이를테면 두 번씩 일어난다고 논평한다. 그는 여기에 다음 구절을 덧붙이는 것을 잊었다. 첫 번째는 비극으로, 두 번째는 우스꽝스러운 희극으로 일어난다는 것을. …… 모든 죽은 세대의 전통은 살아 있는 사람들의 뇌 속에 마치 악몽처럼 자리 잡고 있다. 오직 그들이 자신 및 사물들을 혁명하는 데 참가하고, 전에는 특히 혁명적 위기 순간과 같은 시기에는 결코 존재하지 않았던 어떤 것을 창조하는 데 참가할 때만, 그들은 과거의 영혼을 불러내고 그들의 이름과 구호와 복장을 빌려 그 시대의 영광스러운 가면과 빌린 언어로 세계 역사의 새로운 무대를 재현한다.(Marx 1963 : 15)

이 대목은 1848년에 일어나 정확히 3년 후 다시 독재정권으로 돌아간, 1789년 혁명처럼 끝난 혁명적 봉기에 대한 마르크스의 환멸을 보여 준다. 1848년 사람들이 혁명적 행위를 통해 죽은 전통에서 해방되는 듯 보이고, 그들이 "전에는 결코 존재하지 않았던 어떤 것을 창조하"는 듯이 보였지만, 사실 그들은 죽은 자들의 복장을 입고 그들의 실수를 되풀이했다. 1789년 프랑스혁명의 비극은 1848년의 익살 광대극으로 반복되었다.

시민 불복종

1954년의 아렌트는 1852년의 마르크스보다 사물의 질서를 실제로 변화시키는 혁명적 행위의 가능성에 대해 훨씬 더 낙관적이었다. 아렌트는 이 해 한 강연에서 "현재 상황에서 진정한 행위, 즉 새로운 어떤 것을 시작한다는 것은 오직 혁명 속에서나 가능한 것처럼 보인다"고 주장한다.(EU : 437) 나중에, 1970년에 쓴 에세이 「시민 불복종Civil Disobedience」에서 그녀는 '법에 대한 불복종, 시민 그리고 범죄자'가 근래에 들어서 어떻게 대중적 현상이 되었는지를 기술한다.

> 외부에서 보면, 그리고 역사적 관점에서 보면, 장벽에 대한 더 분명한 글쓰기나, 현존하는 정부와 합법적 체계의 불안정성과 취약성에 대한 더 명료한 기호 그 어떤 것도 상상할 수 없다.(CR : 69)

아렌트와 시민 불복종과의 연대는 불길하기도 하고 낙관적이기도 하다. 시민 불복종은 1960년대를 거치면서 미국과 유럽에서 대중적으로 성장했다. 이 새로운 불안문화의 직접적 원인은 인종 차별, 여성해방운동, 베트남전쟁뿐 아니라 점증하는 학생 시위 문화를 포함하지만, 아렌트는 그 뿌리가 정부의 권위 상실에 있다고 진단했다. 더 이상 권력자들을 신뢰하지 않는 사람들이 실행한 시민 불복종과 범죄행위(그리고 더 중요하게는 권력자 자신들의 거짓과 범죄행위)는 '현존하는 정부'의 종말을 예고

할 수 있다. 아렌트는 이미 1930년대 독일에서 이와 비슷한 일을 목격했고, 현존하는 정치제도의 안정성과 영구성을 결코 당연하게 여기지 않았다. 그녀가 비록 1960년대 정치적 행동주의에 종종 냉소를 보내긴 했어도, 정치 상황이 안정적이지 않으며 사태가 어느 순간에 변할 수도 있다는 인식은 후기 작업에서 변치 않는 신념으로 남았다.

권력

변화에 대한 이러한 개방성은 1963년대 행동주의activism가 발흥하던 시기에 나온 많은 유럽의 비판적 사상가들의 저작에는 현저히 결여되어 있다. 시민 불복종을 다룬 아렌트의 에세이와 같은 시기에 저술 활동을 한 구조주의적 마르크스주의 철학자 루이 알튀세Louis Althusser(1918~90)는 "인간은 본래부터 이데올로기적 동물"(Althusser 2001 : 116)이라고 주장했다. 알튀세는 이데올로기적 신념 체계 '이전에' 또는 '외부에' 존재하는 구체적 개인이란 존재하지 않는다고 보았다. 이데올로기가 미치는 범위가 너무도 광대해서 개별 주체들은 결코 그 밖으로 나아갈 수 없고, 그래서 결코 자유롭게 행위하지 못한다. 이 같은 비관론은 알튀세에게만 국한되지 않는다. 급진적 사회역사가 미셸 푸코Michel Foucault(1926~84)는 1970년대 후반의 한 인터뷰에서 '권력' 개념을 훨씬 더 비관적으로 판단한다.

권력이 오직 억압적이기만 하다면, 즉 권력이 오직 '안 돼'라고 말하기만 한다면, 우리가 정말로 그것에 복종하게 될까? 권력이 효력을 가지고 받아들여지는 것은 단지 권력이 '안 돼'라는 말로 강제하기 때문이 아니다. 그 것은 권력이 일들을 방해하거나 생산하며 즐거움을 유발하고 지식을 형성 하고 담론을 생산한다는 사실 때문이다. 권력은 그 억압적 기능의 부정적 예로 보기보다는 전체 사회적 신체를 관류하는 생산적 네트워크로 고려할 필요가 있다.(Foucault 1980 : 119)

푸코는 권력이 단지 억압적이기만 한 것은 아니며, 상이한 개인들을 위에서부터 강압한다기보다는 오히려 그들 사이에 순환한다고 주장한 다. 물론 그렇다고 해도 권력의 이 순환은 개인들을 모두 훨씬 더 권력 에 '복종'하도록 만든다. 푸코에게 권력은 개인이나 사회집단이 무엇인 가를 하지 못하도록 억압하는 것 그 이상이기 때문에 그들이 쉽게 저항 할 수 있는 어떤 것이 아니다. 그것은 또한 창조적이고 긍정적이기도 해 서 사람들로 하여금 권력에 의해 미리 결정되지 않은 방식의 행위가 무 엇을 의미하는지를 상상하기 어렵게 만드는 방식으로 행위하도록 한다. 권력은 영리하다.

아렌트 역시 권력에 대한 의문에 몰두하고, 권력이 개인들 사이의 관 계를 조직하는 방식에 관심을 둔다. 푸코와 아렌트 모두 권력이 전시 display와 양상appearance 개념과 연관되어 있다고 생각한다. 그러나 푸 코와 달리 아렌트는 권력을 인간의 사회적 상호작용 속의 강제적 요소 라기보다는 오히려 그 상호작용을 근본적으로 가능케 하는 것으로 본 다. 권력은 사람들이 함께하기로 자유롭게 선택할 때 그들 사이에 흐르 는 어떤 것이다. 그것은 상이한 개인들이 공적 공간에서 함께할 때 나타 나고, 연설로 분명해진다. 아렌트에 따르면, '권력'은 "말과 행위가 일치하고, 말이 공허하지 않고 행위가 야만적이지 않으며, 말이 의도를 감추지 않고 현실을 드러내는 것으로 사용되는 곳에서만 현실화된다."(HC : 200) 또한 권력은 "세력이나 힘 같은 불변하고 측정 가능하며 믿을 만한 실체가 아니라 잠재력"(HC : 200)이다. 권력은 인간 환경에 내재하지만, 사람들이 공통의 관심에 따라 행위하게 될 때, 예를 들어 혁명적 행위를 하게 될 때에만 현실화된다.

그러나 아렌트는 동시대 사회에서 작동하는 권력의 증거를 많이 찾지 않았다. 근대의 사회적 조건은 개인들에게서 권력을 빼앗아 사회 그 자체의 이념에 바쳐 왔다. 아렌트가 보기에, 1960년대 일어난 대부분의 시민 불복종은 권력보다는 폭력의 표현이다. 아렌트는 사회 권력의 오용이 미국 사회에서는 점차 사실이 되어 가고, 유럽 사회에서는 아주 오랫동안 사실로 있어 왔다고 생각한다.

이 장에서 아렌트와 비교했던 비판적 사상가들은 대부분 신神(플라톤)이나 계급 이해(마르크스) 또는 권력(푸코)처럼 궁극적으로 행위자를 기만하는 초인적이고 모호한 힘에 인간 행위의 의미를 두고 있다. 아렌트는 비판적 사유와 철학 그 자체가 행위의 의미를 본질적으로 이데아로 이해함으로써, 인간에게서 행위의 의미를 박탈한 것에 부분적으로 책임이 있다고 생각한다. 그래서 개별 행위자가 스토리텔링의 한 동인動因으로 참여하는 공동체에 행위의 의미가 유효할 수 있는 것이다.

약속과 용서

아렌트는 약속과 용서를 권력이 개인들 사이에서 계속 함께하게 될 것임을 보증하는 중요한 상호작용의 형식으로 본다. 약속과 용서는 또한 행위가 공동체 속에서만 의미와 정의를 가진다는 것을 보여 준다. 타인들과 약속하고 그들을 용서하는 것이 근대의 사회적 실존이 던진 고독과 외로움의 상태에서 개인을 해방한다고 아렌트는 생각했다.

> 우리가 한 행위의 결과를 용서받고 거기서 해방되지 않는다면, 우리의 행위 능력은 말하자면 우리가 결코 되돌릴 수 없는 단 하나의 행위에 갇히게 될 것이고, 우리는 영원히 그 결과의 희생자로 남겨질 것이다. ······ 약속을 이행하지 않는다면 우리는 결코 우리의 정체성을 유지할 수 없을 것이다. 우리는 인간 각자의 외로운 마음 그 어둠 속을 아무런 희망도 없이 방향을 잃고 방황하는 운명에 처해질 것이다.(HC : 237)

아렌트는 약속을 실존주의적으로, 개개인의 삶 속에서 발생하고 그들의 삶에 형상과 의미를 부여하는 경험으로 이해한다. 아렌트에 따르면, 타인과의 약속을 지키는 것은 인간관계에 지속성을 부여한다. 그것은 미래를 향한 실존을 보장한다. 이와 마찬가지로 용서는 과거 행위들의 결과가 미완성일 수 있게 한다. 그것은 "행위에서 결과하는 피할 수 없는 손상에 대한 교정"(HC : 239)으로 행위함으로써 새로운 미래의 가능성을 창조한다. 아렌트에게 실제 행위는 항상 예측할 수 없는 결과이다. 행위는 늘 예측하기 어려운 방법으로 인간 공동체에 대한 폭력을 가져온다. 이것은 행위의 자유에 대한 대가이다. 이러한 견지에서 아렌트는 약속과 용서가 인간 행위의 세속성과 안정성을 보장한다고 보았다.

실존주의

『인간의 조건』 속 행위에 대한 논의는 중요한 면에서 동시대의 다른 사회적·정치적 사상 경향에 동조한다. 실존주의, 특히 프랑스 실존주의자 장 폴 사르트르Jean-Paul Sartre는 혁명적 행위의 편에서 전통 철학과 단절하려 노력했다. 아렌트의 경우처럼 이러한 철학적 전통과의 의도적 단절은 부분적으로는 전체주의적 지배와 제2차 세계대전의 경험에 대한 반응이었고, 마르틴 하이데거의 철학에서 영향을 받기도 했다. 초기 에세이 「프랑스 실존주의French Existentialism」(1946)에서 아렌트는 실존주의가 파리의 사회적 삶에 미친 영향을 다소 숨 가쁘게 설명한다.

철학 강연은 폭동을 유발하여 수백의 군중을 불러들이고 수천의 군중을 쫓아 버린다. 철학적 문제를 다루는 서적은 값싼 교리도 설교하지 못하고 만병통치약도 제공하지 못하지만, 반대로 탐정소설처럼 실제 살 생각을 갖도록 하기에는 너무 어렵다. 행위가 플롯이 아니라 말의 문제이며 반성과 관념의 대화를 제공하는 연극은 몇 달간 계속해도 열광적인 군중들과 함께한다. …… 철학자들은 이제 신문기자, 극작가, 소설가가 되었다. 그들은 대학 교수진의 한 구성원이 아니라 호텔에 머물고 카페에서 사는 '보헤미안'이 되어 사생활을 포기하는 지점으로까지 공적 삶을 이끌어 가고 있다.(EU : 188)

아렌트는 철학하기를 공적이고 혁명적 행위로 변화시키는 듯한 실존주의에 흥분한다. 그것은 철학을 대학에서 길거리로 데리고 나가고, 그 과정에서 사고와 행위의 구분, 철학과 문학의 구분을 파괴한다. 실존주의적 철학 논문은 "탐정소설처럼 팔리고" 사르트르의 『닫힌 방Huis Clos』 같은 실존주의 소설과 연극은 강렬한 철학 문제를 다룬다.

이 마지막 주장은 실존주의가 드라마와 철학 간의 화해를 가져왔다고 암시하는 것처럼 보인다. 플라톤에서 마르크스에 이르는 철학자들에게 연극은 인간이 환영 상태에서 행위하고 그에 따라 '무대 밖'의 행위를 결정하는 더 큰 힘을 이해하지 못하는 상태에 대한 상징으로 사용되었다면, 실존주의자들에게 연극은 그 환영을 그 자체로 되돌리는 데 사용될 수 있는 혁명적 도구이다. 사르트르는 연극에서 인간이 특정 방식으로 행위하도록 강요받고, 그 행위에는 별다른 의미도 존재하지 않는 부르주아 사회 조건의 부조리를 극화한다. 그는 자아가 늘 사회 속에서 어떤 역할을 수행하고 있다는 점을 드러내는 데 드라마를 사용한다.

아렌트에 따르면 배우는 실존주의자들의 '이상理想'이 되는데, 그것은 배우가 "끊임없이 자신의 역할을 변화시키고 그래서 그 어떤 역할도 결코 심각하게 수행할 수 없기 때문이다."(EU : 191) 배우는 늘 그래도 하나의 역할을 수행하기 때문에 타인들을, 그들의 사회적 관계에 일관성이 있어야 한다고 말하는 부조리한 부르주아 윤리에서 해방시킨다. 아렌트에 따르면, 동시대 사회에서 권위 있는 행위의 가능성에 대한 이러한 거부는 "근대사회에 대한 지식인들의 온순함이 전쟁 중 유럽에서 나타난 가장 슬픈 광경들 중 하나였는데", 실존주의가 바로 그러한 지식인들의 진정한 반란"(EU : 188-89)을 야기했음을 의미한다.

실존주의와 철학적 전통

제2차 세계대전이 끝나고 유럽을 방문한 아렌트는 실존주의적 작업이 취한 방향, 특히 사르트르의 방향에 의심을 품게 된다. 1954년 '최근의 유럽 철학 사상에 나타난 정치에 관하여'란 제목으로 한 강연에서, 아렌트는 처음에는 자신의 것과 매우 유사한 듯 보인 측면에서 실존주의의 야망을 요약했다. 실존주의는 "행위를 통한 사상으로부터의 구원"(EU : 438)을 계획했다. 그런데 실존주의는 그것이 행위의 철학이 되어야 한다고 주장했음에도 불구하고 실제로는 철학적 전통과 불완전하게 단절했다. 아렌트의 관점에서 보면 이데아 영역에서 벗어나는 데 실패했다는 것은, 실존주의가 정치를 의미 있는 방식으로 사유하는 데 실패했다는 뜻이다. 설령 사르트르 같은 실존주의자들이 알제리 독립전쟁(1954~62)에서 프랑스 군대와 경찰이 자행한 잔혹 행위 같은 동시대 프랑스의 정치적 사건들에 대해 공적으로 외쳤다고 해도 말이다.

같은 강연에서 아렌트는 실존주의자들이 정치를 "그들 작업의 중심"에 두긴 했어도, 그들은 "순전히 철학적 관점에서의 해결이나 적당한 공식화에 저항하는 철학적 난제의 해결을 위해"(EU : 437) 그런 것이라고 말한다. 실존주의는 정치를 철학의 시녀로 만들었고, 그것은 플라톤적 전통과 일맥상통한다.(2장 참조) 달리 말해서, 아렌트는 사르트르에게 정치는 고유한 가치 영역이라기보다는 철학적·이론적 딜레마들이 실제 시험되고 해결되는 공간으로 남아 있다고 보았다.

사회학

아렌트의 행위 관념은 또한 사회학 분야에서 행위를 다루는 관점과 유용하게 비교·대조된다. 영어 및 독일어권 세계에서 사회학은 체계적이고 이론적인 관점뿐만 아니라 비철학적 관점에서 사회적 행위의 현상을 다양한 방법으로 분석해 왔다. 독일 사회학의 창설자는 막스 베버Max Weber(1864~1920)로서, 그는 종교와 근대 관료제를 사회학적으로 연구한 저서들을 썼다. 아렌트는 실존주의가 철학적 전통과 불완전하게 단절했고, 그로 인해 정치적 행위 문제에 접근하는 데 여전히 '이론적'이라고 비판했다. 그녀의 작업 전반을 가로지르는 사회학 비판은 사회학이 조급하고 순진한 방식으로 철학 사상과 단절했다고 주장할 정도로 사회학과는 정반대 방향을 취했다.

카를 만하임

1930년, 아렌트는 카를 만하임Karl Mannheim이 쓴 20세기 초기에 대한 중요한 사회학적 연구서인 『이데올로기와 유토피아Ideologie und Utopie』(1929)에 대한 리뷰를 기고한다. 여기서 아렌트는 사회학을 사회 현실에 어떤 입장을 취하는 데 실패했다는 측면에서 철학과 대조시킨다. 아렌트는 만하임의 이념을 비판적 이론가이자 마르크스주의 철학자인 루카치의 그것과 비교한다. "두 사상가의 작업은 절대적 정당성을 요구하는 지적 분야에 대한 도전"(EU : 29)이다.

두 사상가 모두 사회 현실이 철학적 이념에 따라 조직된다는 관점을 공격한다. 마르크스주의자로서 루카치는 "특수한 위치, 즉 프롤레타리아의 위치"에서 철학을 공격하고, "그리하여 눈에 띄지 않게 그리고 아무 염려 없이 완전히 정당화된 이해관계 개념을 받아들인다."(EU : 29) 반대로 만하임의 사회학은 사회에 대한 어떤 비판적 입장도 취하지 않는다. 그러면서 자기 연구가 사회 현실에 대해 과학적이고 중립적이며 객관적인 체한다.

여기서 요점은, 사회를 중립적이거나 공평하게 이해해야 한다는 사회학의 주장이 자기기만적이라는 것이다. 실제로 사회에 대한 사회학적 설명은 결코 중립적이거나 공평하지 않다. 그러기는커녕 사회학은 사회 현실의 조건을 과학적으로 분석해야 한다고 주장함으로써 실제로는 본의 아니게 그 현실의 사회경제적 규범을 정당화한다. 그것은 다른 어떤 것이 될 수도 있는 사회적 삶의 가능성을 배제한다.

탤컷 파슨스

이 같은 사회에 대한 비판적 관점의 결여는 미국 사회학자와 독일 사회학자의 작업에서 모두 명백하게 드러난다. 미국 사회학은 권력 개념에 대해 아렌트와는 매우 다른, 덜 낙관적인 견해를 취한다. 아렌트가 『인간의 조건』을 쓸 당시 미국 사회학자들 사이에서 가장 유명한 책은 탤컷 파슨스 Talcott Parsons(1902~79)의 『사회적 행위의 구조The Structure of Social Action』 (1937)였다. 비판적 이론가 위르겐 하버마스Jürgen Habermas(1929~)는 파슨스의 행위 취급 방법을 아렌트의 그것과 대조시킨다. 하버마스에 따르면, 파슨스는 사회적 체계와 구조에 내재하는 권력이 어떻게 존재하는지를 강조한다. 파슨스에게 권력이란 "공동의 목표를 위해 일을 처리하는 일반적 능력이다."(Habermas 1977 : 5) 하버마스에 따르면, 파슨스는 논의 과정에서 권력이 사회 체계들을 관류하려면 어느 정도의 강압적 요소, 즉 '구조적 폭력'(Habermas 1977 : 21) 요소가 반드시 특정 개인들의 의지에 가해져야 한다는 것을 보여 준다. 파슨스는 일이 처리되도록 하려면 사회구조가 개인들의 필요와 이해관계를 사회집단 전체의 필요와 이해관계에 따라 단순화시켜야 한다고 주장한다.

만하임과 파슨스 둘의 경우를 보면, 사회학은 아렌트가 권력을 이해하는 방식과는 달리 강압적 사회 공간에서 개인들을 해방시키는 잠재력으로 권력을 이해하는 관점을 결여하고 있다. 파슨스는 권력이 전체로서 사회구조의 목표를 달성하기 위해 개인들을 억압하는 방식으로 작동한다고 이해했다.

철학에 대항하는 사회학

실존적 사고가 사회 현실을 인간이 그에 대항하여 폭력적이고 혁명적인 행위를 취할 수밖에 없는 허위적 존재 조건으로 이해한다면, 사회학은 사회 현실을 정당화하고 합법화한다. 더욱 나쁜 것은, 사회학이 철학과 철학적 이상에 대한 거부가 가져올 결과를 생각하지 못한다는 점이다. 아렌트는 만하임에 대한 에세이에서, 사회학은 그 철학적 사고가 "본래부터 세계 속에 머물러 있지 않다"(EU : 37)고 말한다. 사회학은 물려받은 철학적 전통이 아니라 그 자체로 생각하는 상태인 사고가 근본적으로 세계소외로 규정된다고 추정함으로써 사유가 다른 어떤 것이 될 수 있는 가능성을 배제한다. 특히 사유가 세계에서 소외된 채 머물지 않고 세계 내에서 특정 위치를 차지하는 길을 발견할 수 있는 가능성을 배제한다. 사고에 세계 내적 위치를 부여하고 세계소외를 극복하려는 것은 아렌트가 지향한 목표이다.

아렌트는 사유에 대한 사회학의 전면적 거부가 사회학 그 자체에 심각한 결과를 가져왔다고 본다. 사고가 세계 속에 머물러 있지 않다고 추정하여 철학적 사유를 곡해하는 한, 사회학은 또한 사회적 세계 속에는 사유를 위한 자리가 존재하지 않는다고 추정함으로써 사회적 세계 그 자체까지 왜곡하게 된다. 아렌트는 만하임에 대한 리뷰에서 사회학은 "있는 그대로의 현실이 아니라 '사고에 압력을 가하는 현실'에 관심이 있다"(EU : 36)고 기술한다. 다른 말로 하자면, 사고보다 더 강력한 현실을 설명하려 노력하는 과정에서 사회학은 '현실 그 자체'에 대한 우리의 인식을 왜곡시킨다. 현실은 그에 대한 사회학적 설명 속에서 사유를 제압하는 어떤 것이 된다.

바로 이 점이 실제로 문학을 연구하는 학생들에게 아렌트 사상이 갖는 유용성과, 아렌트 사상 전반의 야망을 이해하는 데 결정적으로 중요하다. 아렌트는 결과적으로 사고가 세계에서 소외된 채 남아 있는 한 사유 행위는 허약해질 뿐만 아니라, 사회 현실에 대한 적절한 비판적 이해를 구하기도 어려워진다고 주장한다. 아렌트는 사회학이 사상들에 대한 인식을 왜곡할뿐더러 그것이 사상들과 분리하려고 하는 사회 현실에 대한 인식도 왜곡한다고 생각한다. 우리에게 필요한 것은 사유와 세계의 화해를 이루어 각각의 실제 정체성을 존중하는 것이다. 아렌트는 사유와 사회 현실 모두를 위해 이 둘의 화해를 가져오는 것이 예술의 임무라고 생각한다.

사례 연구 3 : 낭만주의와 이데올로기, 세계소외

여기서 잠시 멈춰 서서 아렌트의 작업에서 물러나 행위에 대한 아렌트의 이해가 함축하고 있는 바를 숙고해 보는 것도 가치 있는 일이다. 문학은 어떻게 사유와 현실, 세계와 사상 사이에 다리를 놓을 수 있는가?

낭만주의는 오랫동안 철학과 밀접하게 결연을 맺은 예술 유형으로 간주되었다. 영국의 윌리엄 워즈워스와 독일의 프리드리히 휠덜린 Friedrich Hölderlin(1770~1843) 같은 대표적인 낭만주의 시인은 일종의 운문 형태로 된 철학적 논의를 제공한다는 점 때문에 폴 드 만Paul de Man(1919~83)과 마르틴 하이데거 같은 비판적 사상가들에게 읽혀져 왔다. 그러나 최근 들어서 영국 낭만주의를 연구하는 문학비평가들은 이러한 낭만주의와 철학 간의 결연에 도전하고, 그러한 결연이 낭만주의 시에 '세계소외'적 시각을 부여한다고 주장하고 있다.

확실히 낭만주의 시에 이러한 세계소외의 태도가 나타난다는 증거는 많다. 워즈워스는 자전적 시 『서곡The Prelude』(1805)에서 시인의 임무가 인류를 가르치는 데 있다고 주장한다.

인간의 마음은 된다네
천 배는 더 아름답게
그가 살고 있는 지구보다
(Wordsworth 1970 : 241)

워즈워스가 이해하는 대로, 시인의 사명은 인간이 자신을 더 이상 세계나 지구와 연결되어 있지 않은 존재로, 충분히 자족적인 존재로, 인간이 머무는 세속적 상황을 능가하고 그보다 더 낫고 더 아름다운 존재로서 인식하게 하는 데 있는 것 같다. 『낭만적 이데올로기*The Romantic Ideology*』(1983)의 저자 제롬 맥간Jerome McGann(1937~) 같은 문학비평가들에게 워즈워스의 시에 나타난 매우 플라톤적 주장들은 그가 "단지 불멸의 영혼을 얻고자 세계를 상실했다"(McGann 1983 : 88)는 것을 의미한다. 워즈워스는 맥간의 책 제목처럼 사상 속에 싸여 사회적 세계의 현실을 망각하는 '낭만적 이데올로기'의 최고 대표자가 된다.

그런데 맥간은 낭만적 문학과 문학 일반을 그토록 '세계소외'적인 것으로 볼 필요는 없다고 주장한다. 맥간은 『사회적 가치와 시적 행위*Social Values and Poetic Acts*』에서 다음과 같이 기술한다.

상상적 작품이 세계보다 더 일관성이 있긴 하지만 그만큼 그것은 세계 '내에서' 급박하고 수행적이다. 문학이 단순히 상징적 구조이거나 미적 구조이기만 한 것은 아니다. 그것은 또한 그리고 동시에, 사회적 의미 구조로 기능한다.(McGann 1987 : 7)

문학이 '세계 내적 수행'으로 이해되려면 특징적인 문학적(미적이고 상징적인) 자질들을 상실할 수밖에 없음을 가정한 것이다. 맥간에게 문학 작품은 세계 내에 존재할 수 없고 예술 작품으로 남을 수 없다. 문학이 세계 내에서 예술 작품으로 남는 길은, 최소한 '수행적'이거나 어떤 역할을 담당하는 것이다.

아렌트는 이 모든 것에서 어디에 서 있는가? 우리는 아렌트가 철학적 세계소외에 대한 맥간의 태도를 공유할 것이라고 예상할 수도 있다. 실제로 그녀는 비판적 이론가인 아도르노와 하이데거를 포함한 동시대의 많은 사상가들과 마찬가지로 예술을 사회적 이데올로기 현상에 환원시키려는 시도에 강한 의구심을 품는다. 아렌트에게 예술은 사유를 세계와 화해시키는 데 중요한 역할을 담당하는 것이다.

연극과 행위

아렌트는 예술, 특히 스토리텔링이 세계에 제공한 기여란, 인간 존재의 독특하고 변별적 정체성에 대한 이해를 제공하는 것이라고 보았다. 인간을 규정하려 노력할 때마다 철학은 늘 의미가 개별 인간의 행위 속에서 어떻게 드러나는지를 생각하지 않고 오히려 인간을 추상적으로 '사유하는' 존재의 특정 유형으로 생각하는 방식을 취했다. 뿐만 아니라, 철학은 항상 인간 뒤에서 줄을 조종하고 인간의 삶에 의미를 부여하는 인간 너머의 더 높은 힘이 존재한다는 개념에 사로잡혀 있다. 아렌트의 시각에서 보자면 '인간이란 무엇인가?'란 질문은 결국 언제나 철학적 관점에서 '인간은 무엇을 위해 존재하는가?' '세계 내에서 인간의 목적 또는 사명이란 무엇인가?'란 질문으로 번역된다. 철학은 항상 인간에 대해 도구적 관점을 취한다. 그것은 인간이 특수한 목적을 위해 창조되었고, 철학의 일이란 그 목적이 무엇인지를 찾아내는 데 있다고 가정한다.

이와 반대로 예술은 인간의 목적이 무엇인지를 묻지 않는다. 오히려 개별 인간의 특수한 삶의 이야기를 잘 살펴본 끝에 '인간이란 무엇인가?' 같은 질문을 제기한다. 아렌트는 『인간의 조건』에서 이렇게 기술한다.

우리가 살아 있는 한 참여하게 되는 실제 이야기는 만들어지는 것이 아니기 때문에 가시적이든 비가시적이든 어떤 제작자도 존재하지 않는다. 이야기가 드러내는 유일한 "어떤 사람"은 이야기의 주인공이고, 이야기는 유일하고 독특한 "누구who"라는 원래 막연한 표현이 행위와 말로써 …… 명료해질 수 있는 유일한 매개물이다. 어떤 사람이 누구인지 또는 누구였는지를 알 수 있는 길은 오직 그 자신이 주인공으로 등장하는 이야기, 달리 말해서 그의 전기를 아는 것밖에는 없다. 그가 만들었거나 남겨 둔 작품을 포함해서 우리가 그에 대해 알고 있는 것은 단지 그가 무엇인지 또는 무엇이었는지만 말해 준다.(HC : 186)

인간을 규정하는 철학적 방식은 개별적 인간을 개별적이게 만드는 것인 그의 유일성에 대한 본질적 질문, 말하자면 무엇what보다는 누구who에 대한 질문을 잃어버린다. 이 질문에 대한 답변은 그의 행위들 속에서 발견되는데, 그 행위들은 그의 삶의 이야기, 즉 전기가 될 때 의미 있는 것이 된다.

아렌트는 연극의 예를 인용하여 정체성이 어떻게 전기에서 드러나는지를 규명한다. 플라톤에서 마르크스에 이르는 철학 전통에서 연극은 늘 인간이 자기 행위의 의미를 알 수 없다는 것을 상징해 왔다. 여기서 그 의미는 무대 뒤에서 줄을 당기는 더 높은 힘에 속해 있다. 아렌트는 행위의 의미가 배우에게는 노출되지 않는다는 것에 동의한다는 점에서 철학적 전통을 일부 따른다. 그러나 이 행위들의 의미가 줄을 당기는 더 높은 힘에 속한 것도, 신(플라톤)이나 계급 이해(마르크스)에 속한 것도 아니라고 생각한다. "모든 사람이 비록 행위와 말로 인간 세계에 참여함으로써 삶을 시작한다고 해도 그 누구도 자기 삶의 이야기의 저자이거나 연출가가 되지는 못한다."(HC : 184) 우리 행위의 의미, 우리 삶의 이야기는 오직 그 삶이 죽음으로 완성되었을 때만 이야기될 수 있기 때문이다. 삶의 이야기는 궁극적으로 타인들에 의해 말해지는 것이다. 행위의 의미는 행위자나 행위를 결정하는 더 높은 힘에 '속하는' 것이 아니라, 행위자가 죽은 이후 그의 이야기를 듣는 공동체에게 드러난다.

아렌트는 이 공동체를 비극적 드라마의 청중으로 상상한다. 그런 점에서 연극은 탁월한 정치적 예술 형식이다. 그것은 드라마가 모든 예술 중에서 인간 행위의 가장 순수한 모방이기 때문이다. 그림이 인간 행위를 정적 이미지로 만들고 서정시가 일종의 '노래'로 만든다면, 드라마는 그것이 묘사하는 사건을 재현하는 데 가장 가까이 존재한다. 고대 그리스의 비극은 배우와 청중, 코러스chorus와 함께 인간 행위가 실제로 무엇인지를 드러내는 가장 강력한 정수를 제공한다. 소포클레스의 『오이디푸스 왕』 같은 그리스 비극의 주인공은 자기 행위의 의미를 알지 못하는 반면, 청중은 신의 위치에 서서 전체 이야기가 완전히 전개되기도 전에 전체 이야기를 안다. 아렌트는 행위 의미의 새로운 원천을 제공한다. 즉, 플라톤에게 그 원천이 인간사 외부에 서 있는 철학자나 신이었다면, 아렌트에게는 공동체, 즉 그 구성원들 중 한 명에 대해 얘기되는 서로 다른 형태의 이야기들을 듣는 청중이 그 원천이다.

추상화를 거부하는 사고와 행위의 종합

아렌트는 연극을 인간 행위의 자기기만적 소우주로 보는 오랜 철학적 전통을 거꾸로 뒤집는다. 연극은 행위와 의미가 공동체 안에서 화해하는 방법을 보여 주는 이미지가 된다. 화해는 무대 위에서 묘사되는 행위를 판단하는 행위에서 일어난다. 아렌트는 행위의 의미를 신의 초월적 영역에서 가지고 나와 공동체에 되돌려 준다. 이 장에서는 아렌트의 작업이 제기한 사고와 행위의 종합에 실패한 동시대의 두 사고 유형, 즉 실존주의와 사회학에 대해 탐구했다. 또한 아렌트의 작업은 우리의 독서 과정에서 일어나는 사유와 반성이 어쩔 수 없이 추상화로 나가야 한다는 믿음을 거부하는 관점에서 문학적 텍스트의 철학적 물음을 숙고할 수 있는 새로운 방법을 제공했다.

04

노동과 작업, 모더니즘

Hannah Arendt

스스로 전통과의 급진적 단절이라고 지각한 것에 반응하는 것을 주요한 연구 과제로 삼았다는 점에서 아렌트는 철학적·정치적 '모더니스트'로 규정될 수도 있다. 그러나 그렇다고 해서 이것이 아렌트가 어떤 식으로든 근대적 세계를 '옹호'하고, 근본적으로 진보의 이념을 믿으며 근대 기술과 과학이 인류를 노동에서 해방시켜 왔다고 이해한다는 것을 뜻하지 않는다. 세일라 벤하비브Seyla Benhabib는 『한나 아렌트의 저항적 모더니즘*The Reluctant Modernism of Hannah Arendt*』에서 이렇게 말한다.

> 무국적자이자 박해받는 유대인으로서 한나 아렌트가 비록 철학적·정치적 모더니스트라 할지라도, 마르틴 하이데거의 제자로서 아렌트는 폴리스*polis*와 그 잃어버린 영광을 그리는 그리스를 애호하는 반모더니스트적 이론가이다.(Benhabib 1996 : xxiv-xxv)

벤하비브가 보기에 근대성에 대한 이 모호한 태도가 아렌트를 '저항적' 모더니스트로 만든다. 고대 그리스 문화에서 구현된 이상적인 정치 조건에 전념하긴 해도, 아렌트는 이 조건이 근대의 민주적 사회 조건에서는 결코 회복될 수도 회복되어서도 안 된다는 것을 알고 있다. 사회는,

공적 영역과 사적 영역 및 노예·야만인·자유인들이 엄격히 구분되는 고대 그리스 폴리스의 활기 넘치는 삶으로 복귀한다고 해서 사라질 수 있는 것이 아니다. 그보다 중요한 일은 사회를 이해하는 것이다. 그녀의 글쓰기는 고전적 고대와 관련된 모더니티에 대한 이해가 사회의 두드러진 근대적 현상을 비판적으로 보는 새로운 시각을 생산할 수 있는 길을 탐구한다.

고대와 근대 세계의 관계에 대한 몰두는 문학과 철학 두 분야에서 이루어진 수많은 근대적 글쓰기의 특징을 이룬다. 이 장에서는 아렌트의 모더니즘 문제를 고찰해 보자. 특히 근대사회에서 지속되는 지배적 행위 유형, 즉 노동과 소비주의를 아렌트가 어떻게 비판했는지 살펴볼 것이다. 이를 위해 아렌트의 작업을 다른 모더니스트들의 맥락 속에 위치시킬 것이다. 그들은 근대 세계를 비판하고자, 특히 대중사회의 두드러진 근대적 현상을 비판하려고 고전적 고대로 되돌아간 비평가들이다. 이런 점에서 아렌트에게 가장 중요한 인물은 마르틴 하이데거이지만, 소설가 제임스 조이스(1882~1941)와 버지니아 울프(1882~1941), 시인 T. S. 엘리엇(1888~1965) 등 영국에서 활동한 세 명의 모더니즘 작가도 아렌트의 모더니즘과 관계돼 있다.

하이데거와 아렌트

하이데거는 아렌트의 작업 전체를 이해하는 데 가장 핵심적 인물이다. 그는 그녀의 작업 모든 곳에 있으면서 동시에 어디에도 존재하지 않는다. 『인간의 조건』에서 그녀는 단 한 번도 하이데거의 이름을 언급하지 않지만 그의 사유 방식에 결정적으로 빚지고 있다. 전쟁이 끝나고 잠깐 동안, 아렌트가 하이데거와 어떠한 개인적 소통도 하지 않았던 당시에 아렌트는 「실존철학이란 무엇인가What is Existential Philosophy?」(1946)란 논문에서 그의 사상을 아주 적대적으로 설명한다. 그러나 이 논문 말고 는 하이데거 사상에 대한 글을 일절 발표하지 않는다. 죽기 전에 쓴 마 지막 미완의 저서 『정신의 삶』에서 그의 사상을 상세히 고찰할 때까지는 말이다.

하이데거가 아렌트에게 미친 영향을 해석하려면 그녀의 작업에 나타 난 이 침묵에 주목하고, 그것에 함축된 의미를 이해해야 한다. 이 장에 서는 아렌트가 아무리 하이데거의 사유에 나타난 핵심 국면들에 이의를 제기한다 해도, 『인간의 조건』에서 전개한 사회 비판은 하이데거의 사 유 방식에 빚지고 있음을 고찰할 것이다. 한 마디로, 『인간의 조건』은 결 코 하이데거와 논의를 직접 관련시키지 않는 침묵의 방법으로 작동한 하이데거와의 비판적 교섭이라고 할 수 있다. 이것이 아렌트의 제자들 (Hinchman and Hinchman 1984 ; Benhabib 1996 ; Villa 1996)이 잘 기록해 온 아 렌트 사상의 한 분야이다. 특히 『인간의 조건』은 하이데거 철학을 정치 적으로 변형하는 시도로 읽혀 왔다. 하이데거가 정치와 맺은 관계는 복 합적이다. 벤하비브에 따르면, 하이데거에서 '정치에 이르는 길'은 "열려 있고 동시에 닫혀 있다."(Benhabib 1996 : 53) 『인간의 조건』을 읽는 한 가 지 방법은 그 정치적 길을 다시 개방하는 시도로, 하이데거 철학의 충분 한 정치적 잠재력을 간파하여 달성하는 시도로 읽는 것이다.

하이데거, 죽음과 자아

「실존철학이란 무엇인가」에서 아렌트는 자아의 범주에 몰두하는 하이데거 사상의 중심 문제를 기술한다. 아렌트는 "자아의 본질적 특징이란 그것의 절대적 자아성Self-ness, 동료들과의 근본적 분리"라고 말한다. 하이데거 사상에서 자아가 고립되는 한 가지 이유는, 그것이 그 자신의 죽음과 대면하기 때문이다. 하이데거에 따르면, 진정한 실존적 의미에서 도망치지 않는 자아는 자신이 언젠가는 죽어야 한다는 것을 알게 된다. 그러나 하이데거는 일상적 실존을 자아가 자신의 죽음이 임박했다는 사실을 '망각'하게 되는 상태로 본다. 근대의 자아는 다른 사람들과 함께하는 데 몰두함으로써 이 건망증을 적극적으로 계발한다. 사람들 속에서는 죽음에 대한 유의미한 자각을 피하기가 쉽다. 『존재와 시간』(1927)에서 하이데거는 이렇게 말한다.

> 일상적 습관으로 서로 함께하는 공공성에서 죽음은 끊임없이 발생하는 불상사로서, 즉 '죽음 사건'으로서 '알려져' 있다. …… '죽음'은 세계 내에서 일어나는 잘 알려진 사건으로 마주친다. 이처럼 죽음은 일상적 방식으로 마주치는 것의 한 특징인 비가시성 상태로 남아 있다.(Heidegger 1967 : 296-297)

하이데거에 따르면, 공적 세계는 죽음을 일상적 사실로 만든다. 한 집단에 속함으로써 자아는 죽음에 대한 일상적·사회적 관념을 형성할 수 있고, 그것이 그 자아로 하여금 자신의 임박한 죽음에 대한 실제 자각을 피할 수 있게 한다. 장례식과 타인들의 죽음을 언급하는 완곡어법(영국에서는 누군가가 '돌아갔다' 또는 그들을 '잃었다'라고 말한다.) 같은 사회적 관습을 통해 죽음은 항상 다른 사람들에게 일어나는 어떤 것이 된다. 하이데거는 이 허위적이고 일상적이며 공적인 죽음의 이해를 속속들이 파헤치려고 했다. 그는 이 일상적인 죽음의 이해와는 정반대로 죽음의 현실이 자아에 속한다고 주장한다. "본질적으로, 죽음은 그것이 도처에 존재하는 한 모든 경우에 나 자신의 것이다."(Heidegger 1967 : 284)

죽음과 같은 근본적 삶의 경험의 의미를 탐구하는 경우에 분명히 공동체보다는 개인이 진정한 의미의 원천이다. 만일 죽음이 진정한 방식으로 이해된다면, 그것은 다른 누군가의 죽음 이후에도 살아남는 사람들의 공동체에 어떤 위기를 창조할 것이다. 하이데거는 슬픔과 애도의 경험에서 이러한 위기의 증거를 발견할 수 있다고 주장한다. 자아는 결코 타인의 죽음을 실제로 경험할 수 없기 때문에 그 죽음은 분리와 상실의 충격적 느낌을 자아에게 제공한다. 다른 누군가의 죽음이란 "우리가 진정한 의미에서 경험하는 어떤 것이 아니며, 우리는 기껏해야 항상 '그것 가까이에' 있을 뿐이다."(Heidegger 1967 : 282) 타인들의 죽음에 대한 자각은, 아렌트 식으로 말하자면, '절대적 자아성' 그리고 '동료들 모두와의 분리' 상태에 있는 자아를 확인시켜 준다.

이와 반대로 아렌트는 『인간의 조건』에서 자아의 죽음을 자아가 속했던 공동체에 삶의 의미를 되돌려 주고, 그 공동체가 그것으로 일관성 있는 서사를 만들 수 있게 하는 하나의 사건으로 이해한다.(2장과 3장 참조) 달리 말해서 아렌트에게는 죽음이 고립과 외로움의 문제도 아니고, 하이데거가 공적 영역의 '쓸데없는 잡담'이라 기술한 것을 산출하지도 않는다.(Heidegger 1967 : 296) 아렌트에게 죽음은 오히려 공적 소통의 가

능성, 그리고 이야기의 시작을 나타낸다

사례 연구 4 : 엘리엇과 울프

죽음에 대한 태도에 나타난 아렌트와 하이데거의 차이를 모더니즘 시대
의 여성 글쓰기와 남성 글쓰기 사이의 차이로 이해할 수 있을까? 죽음
을 바라보는 아렌트와 하이데거의 상이한 태도는 똑같이 죽음을 중요한
주제로 다룬 두 명의 영국 모더니스트 작가, 여성 작가와 남성 작가의
차이와 곧잘 비교된다. T. S. 엘리엇Eliot은 1922년 시 『황무지The Waste
Land』에서 일하러 가는 수많은 런던의 통근자들을 묘사한다.

> 비현실적인 도시
> 겨울 새벽의 갈색 안개 아래로
> 그토록 많은 군중이 런던교 위로 흘러갔다.
> 나는 죽음이 그토록 많은 것을 망쳤다고는 생각도 못 했다.
> 이따금 짧은 한숨을 내쉬며
> 각자 발치만 내려다보고 있었다.
> (Eliot 1990 : 25)

   몇 년 후인 1925년, 버지니아 울프Virginia Woolf의 소설 『댈러웨이 부
인Mrs. Dalloway』의 여주인공은 제1차 세계대전 퇴역 군인으로서 전투 신
경증을 앓던 셉티머스 워렌 스미스의 자살을 다음과 같이 반성한다.

죽음은 도전이었다. 죽음은 도달하려는 시도였다. 사람들은 그 중심이 왠지 자기들을 비켜 가므로 점점 더 거기에 도달할 수 없다고 느낀다. 가까웠던 것이 멀어지고, 황홀감은 시들고, 혼자 남게 되는 것이다. 그럴 때 죽음은 우리를 껴안는다.(Woolf 2000 : 202)

엘리엇의 거리 풍경은 시선을 발끝에 고정시킨 채 서로 고립되어 있는, 죽음으로 망가진 채 일하러 가는 일군의 통근자들을 묘사한다. 여기서 죽음의 개념은 근대사회, 특히 군중의 근대사회적 현상에 명백한 고독과 순응주의를 나타내고자 취해진 것인지도 모른다. 하이데거와 마찬가지로 엘리엇도 이것을 죽음에 대한 건망증 상태를 적극적으로 계발하는 사회적 조건으로 본다.("나는 죽음이 그토록 많은 것을 망쳤다고는 생각도 못 했다.") 반대로 울프에게는 젊은 퇴역 군인의 죽음이 일종의 창조적 행위, 저항이나 도전 행위이다. 우리는 죽음과 홀로 마주하고 죽음에 대해 생각하지만, 동시에 죽음은 소통하려는 시도일 수 있다. 그것은 사물의 중심을 보지 못하는 우리의 실패에 대한 긍정적 통찰을 나타낸다. 이와 비슷하게, 아렌트도 주인공의 죽음을 연대와 소통의 가능성을 고취하는 것으로 본다.

공동체

『인간의 조건』에서 아렌트는 집단적이고 정치적인 삶에, 그리고 인간적 다원성의 조건에 진정한 의미를 부여하고자 노력한다. 하이데거는 이를 부정한다. 인간의 공적 연대성에 대한 회의적 태도가 그를 정치에 이르는 길로 나아가지 못하게 한다. 전후 작품인 「휴머니즘에 대한 서한 Letter on Humanism」(1947)에서, 하이데거는 "공적 영역의 기묘한 독재" (Heidegger 1993 : 221)를 언급한다. 반면, 아렌트의 작업은 공적 영역을 자유의 공간으로 만들려는 노력에 집중된다.

그러나 아렌트와 하이데거의 관계는 대립 그 이상의 훌륭한 관계이다. 자아와 공동체에 대한 대립적 이해는 이야기의 절반만 말하는 것이다. 하이데거의 작업이 아렌트의 근대사회 비판을 가능케 한 결정적이고 근본적인 면을 설명하지 않는다면 말이다. 아렌트는 하이데거의 작업이 사회적 민주주의로 만들어진 압도적인 사회적 순응주의에 대한 변명, 그리고 마르크스주의가 제공한 혁명적 사회에 대한 허위적이고 세계소외적인 약속을 모두 극복한 세계를 사유하는 길을 열었다고 보았다. 하이데거의 사상에서 그녀는 인간 조건을 보는 근본적으로 새로운 방식, 그리고 그러한 조건의 현실과 접촉이 끊긴 문화의 역사적 전개를 추적할 수 있는 가능성을 얻었다.

하이데거와 철학적 전통

아렌트는 철학적 전통에서 벗어나려는 하이데거의 노력에 깊이 영향을 받는다. 이 노력 때문에 하이데거의 글쓰기는 아렌트의 글쓰기처럼 처음 대하는 사람들에게는 낯설게 보일 수 있다. 이 낯섦은, 하이데거에 따르면 '건망증'과 '박약함' 상태에 빠진 근대인의 지배적인 사고 습관을 폐기시키려는 시도이다. 하이데거의 에세이를 처음 읽으면, 알려진 철학적 전통의 영역을 떠나 낯선 풍경을 가로질러 가는 듯한 느낌을 받게 된다. 하이데거의 글쓰기가 가져오는 혼란스러운 효과의 의미는 그의 에세이 「예술 작품의 근원The Origin of the Work of Art」에서 발견된다. 이 에세이는 하이데거가 아렌트와 소원하게 지낸 1935~36년 사이에 강연한 내용을 모아, 두 사람이 우정을 회복하기 한 해 전인 1950년 독일에서 출판되었다.

우리는 우리가 존재자의 가장 가까운 영역에서 편안하다고 믿는다. 존재자는 친숙하고 믿을 만하며 평온한 것이다. 그럼에도 불구하고 환한 밝힘 속에는 거부와 위장이라는 이중적 형태로 나타나는 지속적인 은닉이 속속들이 배어 있다. 평온한 것은 그 근저에서는 평온한 것이 아니라 섬뜩한 것이다.(Heidegger 1993 : 179)

'환한 밝힘clearing', '존재자being' 같은 용어의 기묘한 용법은 고려하지 않더라도, 하이데거가 인간이 세계 내에서 편안함을 느끼는 확실성에 도전하려 했음을 느낄 수 있다. 그는 사물을 다른 방식으로 볼 수 있게 된다면 우리에게 '평범해' 보이는 사물들이 실제로는 기이하고 기괴한 것으로 드러날 수 있음을 암시한다. 이 기이함의 부분은 사물들이 진정한 제 모습을 우리에게 말해 주기를 거부하는 방식이거나 또는 숨기는 방식과 관련되어 있다.

하이데거는 같은 에세이에서 "우리에게 자연스러워 보이는 것은 단지 그것이 비롯된 낯선 원천을 잊어버린 오랜 전통 속에서 친숙한 어떤 것에 불과하다"(Heidegger 1993 : 150)고 기술한다. 이 사물들의 일상적 지각의 원천을 '기억하고', 그리하여 자연적 지각 상태에 도전하려는 노력은 하이데거로 하여금 '심원한' 역사적 분석에 열중하도록 한다. 이 분석은 세계 이해와 지각의 지배적 습관이 어떻게 우리가 살고 있는 역사적 문화의 특정 방식에 따라 형성되었는지에 주목한다. 하이데거는 이렇게 형성된 이해가 유럽에서 어떻게 전개되었는지를 보고하는 침전물로 서구의 언어를 다룬다. 그래서 언어적 분석이 하이데거의 '심원한 역사'의 매우 중요한 부분을 이룬다. 본질적으로 언어 용법과 문법상의 어떤 전개 과정을 추적함으로써 본래 조화로웠던 인간과 세계의 관계가 시간이 지나면서 왜곡되었음을 보여 줄 수 있다고 하이데거는 생각했다.

하이데거는 예술에 대한 에세이에서 고대 그리스의 개념들, 그리고 그 개념들로 인간과 세계의 관계를 이해하는 고대 그리스인들의 태도가 고대 라틴어에서 같은 뜻의 용어로 번역되는 방식에 주목한다. 이 번역 행위는 (근대 세계의 토대를 준비한) 플라톤과 아리스토텔레스 이전의 그리스 문화에서 인간과 세계 간의 더 조화로운 관계가 일종의 비관계non-relation로 대체되는 것을 묵인한다. 하이데거는 그리스인과 달리 로마인은 자기들을 둘러싼 세계와 그 세계 내의 사물들이 자신들의 이용과 개척을 위해 존재하는 것으로 이해했다고 주장한다. 사물에 대한 '폭력'을 수반하는, 로마인들이 개발한 이 새로운 태도로 말미암아 인간은 세계 속에서 자기 주변에서 발견하는 사물들이 어떻게 자신에게 유용할 수 있는지의 문제에 전념하게 되었고, 그리하여 그 사물들이 본래 그리고 스스로 무엇일 수 있다는 생각을 잊어버렸다. 하이데거는 라틴어, 특히 라틴 문장의 문법은 로마인들이 세계의 사물과 대상을 오직 인간 자아, 곧 주체와의 관계 속에만 존재하는 것으로 이해했음을 입증해 준다고 주장한다. 그리스어 명사들이 라틴어로 바뀌는 이 번역은 결코 그렇게 단순한 과정은 아니며, 오히려 "서구 사상의 박약함이 이 번역과 함

108

께 시작되었다."(Heidegger 1993 : 149)

　번역 문제는 『인간의 조건』의 중요한 국면이기도 하다. 하이데거가 그리스어와 라틴어 간의 번역 행위를 숙고했다면, 아렌트는 라틴어와 근대 영어 간의 번역 행위를 고찰한다. 아렌트는 근대의 영어 단어인 '사적인 private'이 어떻게 라틴어 'privatus'의 의미를 인수하고, 그러면서 로마인들에게 이 단어가 동반했던 경험이 어떻게 이 단어에서 상실되었는지를 이야기한다.

　　이 단어 자체가 암시하듯, 고대에서 말 그 자체에 암시된 사생활의 결핍적 특성을 감지하는 것은 매우 중요하다. 그것은 문자 그대로 어떤 것, 그것도 인간의 능력들 중 최고 최상의 인간적인 것마저 박탈당한 상태를 의미한다. …… 우리는 더 이상 "사생활"이란 단어를 사용하면서 박탈을 우선적으로 생각하지 않는다. 이것은 부분적으로 근대 개인주의로 인하여 사적 영역이 너무 풍요로워진 탓이다.(HC : 38)

　근대 문화 속에서 우리는 사적인 것이 우리 경험의 중요한 '첫 번째' 범주라고 느끼고, 우리 자신이 사적 공간'에서' 나와 공적 공간'으로' 들어가야 한다고 생각한다. 예컨대, 우리는 삶을 시작할 때 집과 가족의 사적 세계에 있는 우리 자신을 발견한다. 그 다음 어느 순간에 공적 영역으로 옮겨 가기로 결정한다. 그러나 아렌트는 '사적인'이란 단어를 분석하여 그 일이 옛날에는 그 반대였음을 보여 준다. 로마인들에게 '사적인' 것은 어떤 것이 없어졌음을 암시했다. 같은 어원에서 나온 또 다른 말, 즉 '박탈deprivation'은 이 어원적 의미의 반향을 들려준다. 여기서 요점은 고대 세계에서 사생활이란 공적 생활에 부차적인 상태였다는 것, 그리고 그것이 일종의 상실, 고통이나 '인간 능력 중 최고 최상의 인간적인 능력의 박탈'을 포함했음을 보여 준다. 그런데 근대 세계에서는 여가 시간, 집과 가족 애착의 사적 영역이 어떠한 공적 정체성보다도 더 가치 있게 여겨진다. 아렌트의 말에 따르면, '근대적 개인주의'를 통한 사적 영역의 '막대한 풍요로움'이 있다. 비슷한 방식으로 공적 영역의 막대한 빈약함을 추론할 수도 있다. 여기서 근대인은 직업인, 자신의 작업에서 소외되고 자신의 가정을 떠나면서 느낄 박탈감으로 고통당하는 어떤 사람으로 나타난다.

아렌트와 하이데거 둘 다 언어적 분석을 통해 근대적 조건이 일종의 '박약함'에 있음을 폭로한다. 언어는 우리에게 친숙하고 정상적으로 보이는 근대적 경험의 국면들이 실상은 고대 그리스와 로마 문화의 경험을 왜곡하거나 오역한 결과임을 드러낸다. 아렌트와 하이데거는 이런 방식으로 언어를 고찰하여 우리를 둘러싼 친숙한 세계를 갑자기 낯설고 기괴한 것으로 보이게 만든다.

노동

『인간의 조건』에서 아렌트는 이런 종류의 현상학적 분석을 근대의 사회적 경험을 규정하고자 취한 인간 활동 유형, 즉 노동에 적용한다. 노동 활동에 대한 아렌트의 분석은 그것에 대한 우리의 가정들, 그리고 고대 그리스 이론에서 발견된 노동 개념을 동시대 사회에 적용하면서 마르크스주의에 수용된 근대의 지배적인 이론적 방법론을 보류한다. 특히 아렌트는 인간 활동의 세 가지 근본적 활동 유형의 하나인 '노동labour'을 '작업work'과 '행위action'라는 다른 활동들과 구분한다.

아렌트는 아리스토텔레스가 『정치학』에서 노동을 "노예들과 길들인 짐승들이 육체적으로 삶의 필연성을 만족시키는"(HC : 80) 활동으로 규정했음을 지적한다. 인간과 동물이 모두 노동을 맡고 있기 때문에, 노동은 인간의 활동들 중 최소한의 인간적 특성이다. 아리스토텔레스에 따르면, 노예와 동물의 활동으로서 노동은 육체와 가장 밀접하게 연관된 활동 유형이다. 이 연관성은 또한 필연성과 사생활, 그러므로 우리가 막 살펴본 것처럼 박탈의 고통과 결합되어 있다. 그리스의 철학 이론에 따르면, 인간의 물리적·육체적 필요가 이루어지는 것은 집(oikos)의 사적 영역에서이다.(2장 참조) 노동이 육체 및 필연성과 맺는 연관성은 아렌트의 시각에서 노동 활동이 본질적으로 자연적 세계와 연관되어 있음을 의미하기도 한다. 그녀는 노동이 "모든 자연이 영구히 움직이는, 정지함도 없고 지치지도 않는 순환운동"(HC : 97)을 영속시킨다고 주장한다.

아렌트는 노동을 완전히 폐기하는 걸 바라지 않는다. 오히려 인간 사회에서 노동은 늘 있어 왔고 앞으로도 늘 존재하는, 인간 조건의 중요한 부분이라고 주장한다. 그러나 고대 세계에서는 노동이 엄격히 집과 가정에 결속되고 제한된 무대에서 일어난 반면, 근대 세계에서는 지배적인 공적 활동이 되었다. 노동에 대한 아렌트의 논의는 사회에 대한 더 광범위한 논의의 한 부분이다. 여기서 아렌트는 근대사회에 나타난 노동의 우세함을 사적 활동이 공적 영역을 인수한 증거로 이해한다.(2장 참조) 아렌트는 '노동하는 동물animal labarans'로서의 인간이 "공적 영역을 점거하고 있는 한, 진정한 공적 영역이 아니라 오직 사적 활동만이 공공연하게 존재할 것"(HC : 134)이라고 기술한다. 아렌트는 공적 공간을 인간적 연대성의 공간이라고 생각한다. 이 공간에 대한 노동 활동의 침입은, 요컨대 노동자를 제일 중요한 공적 행위자로 만든 것은 큰 재앙이다. 왜냐하면 노동자는 본질적으로 그의 육체와의 '자연적'이거나 신진대사적 관계에 속박되어 있고, 따라서 타인들과의 진정한 정치적 연대를 결코 형성하지 못하기 때문이다. 오히려 노동은 전체 사회적 관계처럼 노동자가 "자아 속의 감금"(HC : 168) 상태에 갇히도록 만든다.

아렌트의 논의는 매우 반동주의적으로 보일 수 있다. 그것은 결국 산업사회 그리고 소위 '탈산업'사회에서 착취당하는 노동자들의 가시성이 꼴불견이고, 그들의 존재가 정치적 대화와 설득의 공적이고 귀족적 활동을 방해하는 데에만 기여한다는 주장으로 귀결되는 것처럼 보인다. 그러나 사실은 전혀 그렇지 않다. 아렌트의 논의를 제대로 파악하려면 아렌트가 하이데거를 따라 노동을 순전히 경험적이고 역사적 측면에서가 아니라 오히려 현상학적으로 이해했다는 것을 기억해야 한다. 달리 말해서, 그녀는 인간 활동의 한 유형으로서의 노동, 그리고 특정 노동자들을 역사적 사실의 관점에서 설명하기보다는, 오히려 노동이 인간과 세계의 관계를 말해 주는 것에 관심을 가진다. 아렌트는 결코 '노동'이 산업화된 사회의 노동계급과 동의어라고 생각하지 않는다. 오히려 근대사회가 "노동하는 계급의 해방을 통해서" 발생한 것이 아니라 "노동 활동 그 자체의 해방"(HC : 126)으로 발생했다고 기술한다. 근대사회에서 노동이 가정 home에 대한 고대적 제한에서 해방된 것은, 노동에 대한 아렌트의 근본적 규정에 따르면 우리가 거의 모두 노동자들이라는 것을 의미한다.

소비주의

아렌트는 우리 사회에서 공적 공간이 점점 더 사적 필요의 만족과 안락함의 성취를 중심으로 조직되고 있다고 주장한다. 이 근대의 사회적 조건은 대부분의 사람들에게 불만족과 외로움의 고통을 겪는 삶을 살도록 운명 지운다. 사회적 자아는 노동(상품의 생산)과 상품의 소비 사이에서 그(녀)의 시간을 나누어 쓴다. 그러나 공동의 공적 삶에 참여할 기회는 전혀 주어지지 않는다. 그러므로 대규모의 산업 생산보다는 오히려 상품의 소비에 기초한 '탈근대 문화'는 여전히 노동자의 이미지에 따라 만들어지고 있는 것이다. 아렌트는 노동이 근대사회를 규정하는 신진대사적 순환의 한 축인 소비와 밀접한 관계가 있다고 본다. 아렌트는 이것들을 이 "그저 생물학적 삶의 영원한 순환의 두 과정일 뿐"이라고 주장한다. "이 순환은 소비를 통해 유지되며, 소비의 수단을 제공하는 활동은 노동에 종사하는 것이다."(HC : 99)

사례 연구 5 : 아렌트와 조이스, 소비

아렌트는 이 관계의 순환적 본질을 문자 그대로의 소비 행위, 즉 먹는 행위와의 유비類比로써 규명한다. 아렌트는 노동과 먹기는 둘 다 "물질을 강탈하고 파괴하여 게걸스럽게 삼키는 과정"(HC : 100)이라고 기술한다. 물질은 이 두 활동의 과정에서 곧 버려지게 될 상품의 형태로 재생산되고, 노동의 경우엔 폐기물로, 먹기의 경우엔 배설물로 변한다. 그래서 그 과정은 순환적이다. 노동과 먹기는, 다시 계속해서 강탈할 수 있는 더 많은 물질을 생산하고자 물질을 강탈하여 게걸스럽게 삼킨다. 아렌트는 근대의 사회적 활동을 본질적으로 '낭비경제'인 신체적 과정과의 유비로 이해한다.

사실 낭비와 소비에 대한 몰두는 모더니스트의 글쓰기 도처에 나타난다. 제임스 조이스James Joyce의 서사시적 소설 『율리시스Ulysses』(1922)의 '레스트리고니언스Lestrygonians' 에피소드에서 주인공 레오폴드 블룸은 예술적 아름다움의 고전적 이상을 인간 신체와 그것의 물질적 필요에 대한 인식과 병치한다. 블룸의 몽상은 그가 점심을 먹는 술집 바의 모양을 바라보는 것으로 시작한다.

> 그의 내리뜬 눈은 오크 석판의 소리 없는 결을 따라갔다. 아름답다. 구부러져 있다. 곡선이 아름답다. 아름다운 여신들, 비너스, 주노. 세계가 놀랄 만한 곡선이다. …… 주노를 조각한 여인의 아름다운 형태. 불멸의 사랑스러움. 그리고 우리는 음식을 하나의 구멍으로 밀어 넣고 뒤로 밀어낸다. 음식, 림프액, 피, 똥, 흙, 음식. 기관차에 연료를 지피듯 우리는 그것을 먹어야만 한다.(Joyce 1998 : 168)

블룸에게 아름다움은 여성적 형태, 특히 고전적 조각품에 재현된 대로 고대 여신의 형태와 동의어다. 이 이상적 형태는 일종의 기계가 되어 버린 '우리', 아마도 인간과 남자 모두의 신체와 대조된다. 이 기계는 아렌트가 노동 활동에서 묘사한 것과 동일한 자연과의 신진대사적 관계에 갇혀 있다. 음식은 가공 처리되어 똥으로서 흙으로 돌아가고, 그 흙은 다시 음식으로 나온다. 물질은 끊임없는 순환 속에서 운동하고, 여성적 형태의 '불멸의 사랑스러움'과 병치된다. 정말 우스꽝스럽게도 여신의 불멸적 형태와 필멸적 인간의 순환적이고 신진대사적 신체는 둘 다 자연의 변이형이다. 하나는 자연에서 발견한 이상적이고 지적인 아름다움의 이미지이고, 다른 하나는 자연을 반복성의 기계로 묘사한다. 자연을 상상하는 두 상이한 방식 간의 이 같은 대조, 즉 불멸의 형태 대vs 끝없는 과정은 또한 예술 작품을 이해하는 아렌트와 하이데거의 핵심적 차이를 규정하는 데 도움을 준다.

예술 작품

『인간의 조건』에서 아렌트는 인간 활동의 특수한 형태로서 '작업work'에 대한 고전적 규정을 회복시키려 한다. 아렌트는 노동이 근대사회에서 너무 편재하여 근대사회가 발생하기 전에는 노동labour과 완전히 구별되었던 활동 유형인 '작업'을 다 삼켜 버렸다고 생각한다. 아렌트의 '작업' 논의는 자세히 살펴볼 만하다. 아렌트가 근대사회에서 예술이 가진 중요성을 어떻게 생각했는지를 드러내기 때문이다. 아렌트에 따르면 예술 작품은 노동과 구별되는 근대적 인간 활동 가운데서 마지막으로 남은 생산물, 상품이 아닌 마지막 인간적 생산물이다. 그래서 예술은 다른 방식의 삶을 상상할 수 있는 가능성을 열어 둔다. 여기서 다른 방식의 삶이란, 외로움과 불행에 기초하지 않고 노동자/소비자의 물질적 활동에서 벗어나는 삶을 가리킨다.

노동에 대해서 그러했던 것처럼, 아렌트는 작업의 현상학을 제공하는 데 전념한다. 노동은 아무것도 생산하지 않고 본질적으로는 자연과 관계가 있으며, 자연에게서 빼앗은 물질을 되돌려 준다. 반면에 예술 작품은 자연을 변형하여 지속성과 가치를 지닌 사물들을 생산한다. 노동이 기본적으로 전체 인간 신체를 자연과의 '신진대사'에 관련시키는 활동 형태라면, 작업은 손과 도구의 솜씨를 포함한다. 작업은 손과 도구를 사용해 자연에서 생 재료를 취하여 제작 과정을 거쳐 이것들을 변형시킨다. 이 변형은 자연적 순환에서 생 재료를 취하여 그것을 다른 형태로 표현함으로써 그것에 어느 정도의 영속성을 부여한다. 노동은 본질적으로 고립되고 외로운 상태로서, 그 속에서 인간은 자기 신체와의 관계에 종사한다. 반면에 작업은 이미 공동체와 공적 공간을 전제로, 시장에서 교환될 수 있는 항구적 대상물들을 생산한다. 작업은 제작과 관련되어 있기 때문에 세계에서 인간이 거주할 지속적이고 안정적인 집을 건설한다. 작업의 생산물은 "인공적 세계에 안정성과 견고성을 부여하는데, 그것 없이는 불안정하고 필멸하는 피조물인 인간이 안전하게 거주하지 못한다."(HC : 136) 본질적으로 아렌트는 '작업'이 인간의 문화 세계를 건설한다고 보았다.

하이데거에게 세계와 대지

여기서 다시 아렌트의 논의를 「예술 작품의 근원」의 하이데거와 생산적으로 비교할 수 있다. 하이데거는 예술 작품이 자연 속에서 세계를 위한 공간을 만든다고 보았다. 아렌트처럼 하이데거도 자연과 인공물로서의 세계를 구분한다. "돌에는 세계가 없다. 마찬가지로 식물과 동물에게도 세계는 존재하지 않는다." 그러나 "세계의 건립은 작품 존재에 속한다." (Heidegger 1993 : 171) 예술 작품에서 중요한 것은 그것이 세계와 자연, 또는 하이데거가 명명한 대로 세계와 대지 사이의 화해를 달성한다는 점이다. 근대 세계가 로마인들에게서 물려받은 사고와 언어의 '형이상학적' 전통에서 자연적 세계 또는 '대지'는 오로지 인간의 이익을 위해서만 존재하는 것 같다. 그러나 하이데거는 예술 작품을 만드는 과정에서 인간 문화의 세계와 자연 사이의 다른 관계 모델을 발견하는데, 그것은 인간의 폭력적이고 전유적인 경향에 의존하지 않는다. 하이데거는 지구와 세계의 이 같은 관계를 건축의 사례를 들어 보여 준다. 고대 그리스 신전은 문화와 자연, 세계와 대지를 화해시킨다. "신전 작품은 그곳에 서서 한 세계를 개척하고, 동시에 이 세계를 대지에 되돌려 놓는다. 그리하여 대지 자체는 비로소 고향과도 같은 아늑한 터전으로서 솟아 나온다." (Heidegger 1993 : 168)

예술 작품으로서 신전은 대지와 세계의 관계를 야기한다. 그것은 인간 자아에게 개방된 세계가 자연적 대지에 의존한다는 점을 드러낸다. 그러나 이 관계는 쌍방향적이다. 여기서 대지는 세계를 지탱함으로써 '나타나고', 그 정체성을 드러낸다. 이 관계는 공생적이고 폭력적이지 않다. 신전으로 재현된 문명 '세계'는 대지가 대지로서 빛날 수 있게 한다. 대지는 신전을 생산한 인간의 작업과 조화롭게 존재한다. 하이데거가 요약한 대로 "작품은 대지를 대지로서 존재하게 한다."(Heidegger 1993 : 172)

아렌트와 예술 작품

자연적 세계에 보인 아렌트의 적대적 태도를 감안하면, 아렌트가 하이데거와 마찬가지로 세계와 자연의 관계를 생태학적 측면에서 생각했다고 상상하기 어렵다. 아렌트에게 '작업'은 하이데거가 극복하고자 한 일종의 자연에 대한 폭력적 태도를 포함한다. 그녀는 "목재가 되려면 파괴되어야 하는 나무, 그리고 대지의 자궁에서 찢어 낸 철과 돌 또는 대리석"(HC : 139)에 대해 기술한다. 사회가 '자연적인 것의 비자연적 결과'라는 가정에 따라, 아렌트는 자연을 인간이 지속적으로 제압해야 하는 어둡고 위험한 힘으로 이해한다.

아렌트에게 예술 작품의 가장 큰 특징은 그 지속성이다. 예술 작품은 시간 속에, 종종 몇 세기 동안 존재한다. 그래서 노동과 소비의 자연적 순환에서 벗어나 있다. 예술 작품들은 "모든 유형의 사물들 가운데 가장 강렬하게 세속적이며, 그 지속성은 자연적으로 부식되는 과정에 거의 영향을 받지 않는다."(HC : 167) 아렌트는 이야기를 일종의 작품으로 생각한다. 제작 과정이 유형의 사물들을 생산하듯, '행위'는 의도가 있든 없든지 간에 자연적으로 이야기들을 "생산한다".(HC : 184) 이야기는 행위를 생 재료로 취한 다음, 그것에 지속성과 기억력을 부여하고자 행위를 '작업한다'.

이야기는 철학적 전통이 제공한, 행위를 이해하는 서양의 지배적 사고틀에 도전한다. 아렌트에 따르면, 하이데거는 작업 속에서 전통과의 급진적 단절을 제기하면서도 여전히 행위보다 사유를 우선시하는 전통적 시각을 유지한다. 아렌트의 이 주장은, 전통적 철학의 폭력에서 벗어나려 한 하이데거의 열망을 감안할 때 꽤 역설적인 주장이다. 그러나 이는 「예술 작품의 근원」으로 확증된다.

사유는 행위와 생산보다 뛰어나다. 그것이 달성한 장관이나 그것이 가져온 결과의 중요성 때문이 아니다. 하찮은 성취의 비천함을 통해서 그러하다.(Heidegger 1993 : 262)

징후적으로, 사유는 그것이 행위와 생산보다 우위에 있다는 점에서 그것들 사이의 구분을 위태롭게 할 수도 있다는 것을 고려하지 못한다.

아렌트와 하이데거의 다른 점

이론은 행위에 대한 그 오만한 태도 때문에 역사적으로 인간 활동의 상이한 유형들, 즉 노동과 작업, 그리고 행위 사이의 차이에 주목하지 못했다. 『인간의 조건』은 전체적으로 인간 활동의 이 상이하고 근본적인 유형들 사이의 의미 있는 구분을 회복시키려는 고고학적 노력으로 이해될 수 있다. 이 장에서는 아렌트의 모더니즘 문제를 하이데거와의 관계, 그리고 『인간의 조건』에서 노동과 작업을 상이한 활동 유형으로 보는 그녀의 설명을 따라 살펴보았다.

이는 아렌트와 하이데거가 근본적인 면에서 두 가지 쟁점에 대해 어떻게 다른지를 보여 준다. 첫 번째 쟁점인 공적 공간, 그것은 하이데거에게 '쓸데없는 잡담'의 영역이라면, 아렌트에게는 인간의 자유에 이르는 진정하고 유일한 길이다. 두 번째 쟁점인 예술 작품, 그것은 하이데거에게 '세계'와 '대지' 사이의 화해를 가져오지만, 아렌트에게는 자연을 변형하여 인간 세계를 건설하는 것이다.

이 장에서는 또한 아렌트의 시각에서 근대 세계에서 지배적인 활동이 되어 버린 활동 유형, 즉 노동과 소비의 현상학을 논의했다. 마지막으로, 아렌트의 관점에서는 하이데거가 플라톤으로 시작된 철학적 전통에서 그리 멀리 떨어져 있지 않음을 논증했다.

05

판단 : 칸트에서 아이히만까지

Hannah Arendt

장미는 장미인 것이 장미

- 거트루드 스타인, 「신성한 에밀리Sacred Emily」(1922)

이 장에서는 얼핏 보기에는 공통점이 거의 없어 보이는 아렌트 사상의 두 영역을 함께 제시할 것이다. 계몽주의 철학자 이마누엘 칸트(1724~1804)의 작업에 대한 해석, 그리고 특히 아렌트가 1970년 뉴욕의 신사회연구학회에서 칸트의 저서 『판단력 비판Kritik der Urteilskraft』(1790)을 두고 한 일련의 강연들을 살펴볼 것이다. 이 장에서는 아렌트의 칸트 독해에 주목하면서 동시에 독일의 전체주의적 지배에 대한 작업, 특히 『예루살렘의 아이히만 : 악의 평범성에 대한 보고서』(1963) 속의 홀로코스트(대학살)에 대한 사유 등을 고찰할 것이다.

예술 및 아름다움 문제와 관계된 칸트 저서에 대한 강연과 전직 나치 친위대(SS) 구성원에 대한 재판을 다룬 책은 서로 아무런 관계가 없어 보인다. 예술적 아름다움에 대한 연구와 나치의 유대인 집단학살 문제를 병치시키는 것이 역겨워 보일 수도 있다. 전체주의적 지배, 특히 아돌프 아이히만에 대한 아렌트의 주장은 논쟁을 불러일으켰고, 오늘날까지도 많은 독자들에게 불쾌하고 요령 없는 일로 기억된다.(Ceserani 2007)

그러나 아렌트만이 홀로코스트를 예술적 아름다움의 맥락에서 다룬 것은 아니다. 그녀와 동시대의 비판적 이론가 테오도어 아도르노는 1951년『전체주의의 기원』과 같은 해 출판된 에세이에서 아우슈비츠 이후에 시를 쓴다는 것은 '야만적'이라는 아주 유명한 주장을 남긴다.(Adorno 2003 : 281) 무엇이 홀로코스트와 근대적 예술 현상 같은 상이한 주제를 함께 다루도록 만드는 걸까?

판단의 문제

이마누엘 칸트와 아돌프 아이히만에 대한 저술에서 아렌트는 판단의 문제에 몰두한다.『판단력 비판』에서 칸트는 누군가가 어떤 것, 가령 시나 회화, 노래, 또는 풍경을 아름답다고 판단할 때 무슨 일이 일어나는지 자세히 분석한다. 매우 다른 면에서, 1961년에 아이히만을 재판한 예루살렘 법정은 제2차 세계대전 동안에 그가 한 행위를 판단하고, 특히 유럽의 유대인들에게 저지른 집단학살에 대한 그의 책임을 결정하는 데 착수한다. 이 두 형식의 판단이 중요한 면에서 매우 다르다고 해도, 아렌트의 저술에서 이 판단들은 유사한 문제들로 중복되고 마주치며, 궁극적으로는 서로 유용하다. 아이히만의 재판과 칸트의 철학을 고찰하면서 아렌트는 근대적인 비판적 사유와 근대적인 국제 관계를 규정해 온 문제와 대면한다. 그 문제란 '진리'의 절대적 개념이 무너진 세계에서, 그리고 전체주의적 국가에 의한 전체적 인간 지배 상황에서, 미증유의 공포를 목격한 세계에서 정의가 무엇을 의미하는가 하는 것이다.

아이히만 재판

제2차 세계대전 기간에 아돌프 아이히만은 독일제국에서 유대인들을 철도를 이용해 동부의 집단수용소로 이송하는 책임을 맡았다. 이스라엘 비밀요원은 1960년에 아르헨티나의 부에노스아이레스에 있는 그의 집 밖에서 그를 납치하여 이스라엘로 데려갔고, 그곳에서 그는 유대인들에게 가한 범죄로 재판을 받는다. 이스라엘은 아이히만을 납치함으로써 국제법과 아르헨티나의 주권을 위반했고, 그로 인해 이 재판은 일부 사람들 눈에는 불법적인 것으로 보였다. 다른 사람들, 특히 독일 철학자 카를 야스퍼스Karl Jaspers는 유대인에게 저지른 나치의 범죄는 인간성에 대한 범죄이므로 아이히만은 마땅히 국제 법정에서 재판을 받아야 한다고 보았다. 아렌트는 이러한 이의가 별로 대수롭지 않다고 여겼다. 하지만 비록 아이히만을 재판할 이스라엘의 권리와 그 법정이 결국에는 도달할 유죄판결을 모두 묵과하더라도, 재판 자체와 그 너머의 이론적 근거에는 심각한 의문을 품었다. 특히 그녀는 이 법정이 아이히만이 범한 전례가 없는 범죄의 본질을 판단해야 하는 난제에 제대로 대처하지 못했다고 생각했다.

아렌트는 나치가 저지른 범죄들이 서구 세계에서 정의의 토대를 파괴했고, 그래서 범죄와 범죄성을 판단하는 것이 무엇을 의미하는지에 대한 새로운 사유를 요구한다고 생각했다. 『예루살렘의 아이히만』에서 아렌트는 아이히만 재판의 판단이 어떻게 잘못된 방향으로 이루어졌는지를 기술한다.

그들은 우발적인 거짓말을 가지고 아이히만이 거짓말쟁이라고 결론 내리고 싶어 했다. 그래서 이 전체 사건이 제기한 가장 도덕적이고 심지어 합법적인 도전을 놓치고 말았다. 그들의 논거는 피고가 모든 "정상인들"처럼 자기 행위의 범죄적 본질을 자각해야만 했고, 실제로 아이히만이 그가 나치 정권 하에서 "예외가 아니었던 한" 정상적이었다는 가정에 의존했다. 그러나 제3제국의 조건 아래서는 오직 "예외적으로만" "정상적으로" 반응하는 것을 기대할 수 있다. 이 단순한 진실은 그들로서는 해결할 수도 벗어날 수도 없는 딜레마를 야기했다.(EJ : 26-27)

이 법정에서 드러난 아이히만의 문제는, 그가 수백만 명의 사람들을 죽음으로 몰아넣은 이송 계획을 세움으로써 끔찍한 범죄에 참여했다는 점을 전혀 인지하지 못했다는 것이다. 아이히만은 그 상황에서 '정상인'이라면 행동했으리라 추정되는 것과 다르게 행동했다.(이 점에서 아렌트는 그가 나치 정권의 전형적인 주체였다고 주장한다.) 재판을 받는 동안, 아이히만은 자신은 항상 자신의 의무를 수행해 왔다고 주장했다. 마치 그 법정이 그의 의무에 대한 헌신을 미덕으로 여겨 주리라 기대하기라도 하듯이 말이다. 아렌트에 따르면, 아이히만은 단순히 자기 행위의 범죄성을 알지 못했거나, 또는 그것에 대해 생각할 능력이 없었다. 그 범죄성이 다른 사람에게는 명백해 보이더라도 말이다. 어떻게 이런 일이 가능했는가?

아렌트는 『전체주의의 기원』에서 히틀러 치하 독일의 전체주의적 지배 기간은 인간 본성에 급격한 변화를 가져왔다고 주장한다.(8장 참조) 특히 나치 국가에서의 삶은 결과적으로 아이히만처럼 인격과 고유한 인간 정체성을 파괴해 왔다는 것이 아렌트의 견해였다. 법정에서 유죄판결을 내리려면 피고가 범죄적 방식으로 행위하면서 자신이 무엇을 하고 있는지를 알고 있었다는 추정이 성립해야 한다. 예를 들어, 만일 피고가 정신이상으로 판단되면 그 책임성도 감소하여 그 범죄는 유죄로 판결되지 않는다. 달리 말해서, 범죄행위의 문제는 개인적 책임성의 문제와 밀접하게 관련되어 있다. 어떤 사람은 범죄적 방식으로 행동하는 순간 그 행동의 의미를 알고 있었다는 추정에 따라, 또는 비록 양심에 따라 행동하지 않았다고 하더라도 양심, 곧 옳고 그름의 차이에 대한 타고난 감각이 있다는 추정에 따라 유죄판결을 받는다. 아렌트는 아이히만은 자율적 인간 행위자로서의 정체성과 양심의 급격한 상실을 경험했기 때문에 유죄판결을 내리기가 불가능해졌다고 생각한다. 물론 그렇다고 해서 아렌트가 아이히만을 무죄라고 변론하고 싶어 했다고 말하는 것은 아니다. 아렌트는 아이히만이 정신이상이라고 생각하지 않았다. 그는 납치된 후 이스라엘 정신과 의사에게서 검사를 받았고 정상으로 판정받았다.(아렌트는 이 정신과 의사들 중 한 명이 아이히만이 "그를 검사한 이후의 나보다 더 정상적"이라고 말했다고 주장한다.) 아렌트의 요점은 전체주의가 인간 개성의 자유와 자발성을 파괴하면서, 사실상 전체주의적 지배 이전의 몇 세기 동안 유럽에 존재했던 도덕적이고 합법적으로 판단할 수 있는 가능성을 파괴했다는 것이다. 이처럼 전체주의 정권이 저지른 참기 어려운 범죄들은 정의와 개인의 책임 관념 그 자체에 대한 새로운 사유를 요구한다.

판단 문제를 바라보는 아렌트의 의문은 이렇게 표현될 수도 있다. 진리와 선성goodness의 모든 절대적 기준이 붕괴된 탈전체주의적이고 '탈형이상학적인' 세계에서 어떻게 정의와 도덕성의 의미 있는 기준을 발견할 수 있는가? 아렌트는 이 물음에 대한 답을 구하는 데 칸트가 도움을 줄 수 있다고 판단한다. 아렌트가 보기에, 18세기 후반에 저술 활동을 한 칸트가 미적 판단 또는 아름다움에 대한 판단의 본질과 관련하여 수집한 통찰은 아이히만이 이스라엘 법정에 제기한 합법적이고 도덕적인 판단에도 유용했다. 아렌트는 칸트의 철학에서 어떤 이론적·도덕적 또는 역사적 이해 틀도 전혀 존재하지 않는 전례가 없는 역사적 사건과 경험들을 사유하는 중요한 방법을 발견한다. 칸트에게 예술적이거나 자연적인 아름다움의 판단은 바로 그와 같은 경험이다. 아렌트가 칸트를 인용한 바대로, 판단은 "특별함을 사유할 수 있는 능력"(LKPP : 76)이기 때문이다. 칸트의 판단 취급법이 탈형이상학적 세계에서 정의의 문제를 사유하는 중요한 방법을 가지고 있기 때문에, 아렌트는 그가 '세계소외적' 철학 전통에서 벗어나 있고, 인간적 다원성 문제에 대한 진정한 철학적 반성을 제공한 역사적으로 몇 안 되는 철학가라고 생각한다. 그 정도로 아렌트는 미적 판단에 대한 칸트의 취급법이 진정한 '정치철학'의 토대를 제공했다고 여겼다.

아름다움, 교육과 문학비평

아름다움에 대한 칸트의 관심이 아렌트에게 왜 그토록 중요했을까? 문학이나 문화를 공부하는 사람들은 도대체 왜 아름다움에 관심을 가져야만 하는가? 아름다움의 문제는 토론장에서 곧잘 당혹스러운 문제를 일으킨다. 누군가 어떤 시가 아름답다고 단언하는 순간, 대화는 거기서 멈춰 버린다. 왜냐하면 그렇게 말하는 것이 비평적 측면에서 논의하기 어려운 완전히 주관적인 관점을 제공한다고 여겨지기 때문이다. 어떤 시가 아름답다고 단언하는 것은 그 시에 대한 비평적 논쟁을 시작하는 것이 아니라, 단순히 그 시의 어떤 특징을 단언함으로써 주관적으로 판단하는 것처럼 보인다. 그렇게 문학 텍스트의 아름다움 문제는 문학비평의 범주에서 벗어나는 것으로 비춰진다. 문학비평은 확실히 문학적 글쓰기의 아름다움을 소박하게 주장하는 것을 넘어, 문학이 사회를 비평하는 방법에 몰두해야 한다.

칸트에게 아름다움의 문제는 사실 사회에 대한 질문과 밀접하게 결합해 있다. 우리가 주변에서 발견하는 아름다운 것들, 가령 예술 작품, 조각상, 시, 음악, 자연의 아름다움에 대한 감상은 우리로 하여금 세계 안에서 편안함을 느끼도록 하는 힘이 있다. 따라서 그것은 '세계소외'라는 철학적 전통을 거스른다.(1장 참조) 칸트에 따르면, 아름다움에 관한 관심은 오직 사회 속에서만 번창할 수 있다. 칸트에 대한 강연에서 아렌트는 이런 취지로 칸트를 인용한다.

아름다움은 우리가 사회 속에 존재할 때에만 관심을 갖게 한다. …… 무인도에 홀로 버려진 인간은 결코 자신의 오두막도 몸도 아름답게 가꾸지 않는다. …… 인간은 자신이 타인들과 함께 만족스러움을 느끼지 못한다면 그 대상에 만족하지 않는다.(LKPP : 67)

칸트에 따르면, 아름다움의 감상은 그것이 개인의 마음에 떠오르는 것이긴 해도 그를 사회에 일치시키기도 한다. 왜냐하면 그가 자기가 느낀 아름다움의 경험을 타인들과 공유하길 바라기 때문이다. 이처럼 개인이 사회 속에 존재하지 않는다면, 예컨대 로빈슨 크루소처럼 무인도에서 혼자 살아간다면, 아름다움에 관심을 갖지 않을 거라고 아렌트는 주장한다. 아렌트와 칸트에게 아름다움의 문제는 실제로 예술 작품에 대한 판단 이상의 것이다. 그것은 그러한 판단을 가지고 사회가 무엇인지, 그리고 인간이 어떻게 근본적으로 사회적 존재인지에 대한 매우 중요한 정보를 제공한다. 아렌트는 칸트에 대한 강연에서 아름다움 문제보다는 인간의 사교성sociability 문제에 더 많은 관심을 보인다.

상상력

아이히만 재판에 대한 보고서에서, 아렌트는 이 재판이 정확히 아이히만이 상실한 미적 판단과 연관된 사회적 정체성의 국면이라는 것을 보여준다. 아렌트는 아이히만이 '상상력'을 결여하고 있다고 본다. 낭만주의 시기 이후로 작가와 철학자들은 상상력이 어떻게 예술 작품의 감상에서 중요한 역할을 담당하는지, 그리고 그것이 어떻게 우리의 사회적 정체성의 중요한 부분을 구성하는지를 기술했다. 상상력은 세계가 어떻게 다른 누군가의 시점에서 나타나는지를 생각하거나 상상할 수 있게 한다. 아이히만 재판에 대한 책 후기에서 아렌트는 아이히만의 '상상력 결핍'을 입증한다. 그 상상력 결핍이 "그로 하여금 경찰 심문을 지휘하고 있던 독일계 유대인에게 고민거리를 털어놓으며, 자신이 어떻게 나치 친위대에서 중령 지위밖에 오르지 못했는지, 자신이 그 이상 승진하지 못한 것이 자신의 능력 때문이 아니라는 점을 누누이 설명하며 그 사람을 맞은편 끝자리에 몇 달 동안이나 앉아 있게 했다."(EJ : 287) 상상력의 결핍은, 그가 히틀러 친위대에서 승진하는 데 겪은 어려움과 불만을 그 독일계 유대인은 공감하지 못할 수 있다는 사실을 그가 감지하지 못했음을 의미한다. 상상력은 감정이입 능력, 즉 다른 누군가의 시점에서 사물들을 생각할 수 있는 능력과 결합해 있다. 이것은 아이히만의 재치 없음으로 판단하건대, 그에게는 분명 결여되어 있는 능력이다.

칸트에 대한 강연에서 아렌트는 상상력의 힘 덕분에 개인들이 자아 한계를 벗어나 타인들의 관점에서 사유할 수 있음을 훨씬 더 광범위하게 증명한다. 그녀는 "우리의 '정신적 능력들' 중 하나인 판단 능력은 최소한 타인들의 현존을 전제한다는 것을 칸트가 어떻게 강조하는지"(LKPP : 74)를 기술한다. 칸트가 설명한 대로 아름다움을 판단하면서 "우리는 타인들의 편에서 우리 자신을 포기해야만 한다". 그리고 그 판단 행위 속에서 "이기주의가 극복된다".(LKPP : 67)

칸트의 이 놀랄 만한 주장은 무엇을 의미하는가? 본질적으로 칸트는 미적 판단이 우리의 세계 경험, 즉 우리의 신체 감각으로 다가온 세계의 경험에 대한 가장 개인적이고 소통 불가능한 것을 극복할 수 있게 한다고 주장한다. 테리 이글턴은 『미학 이데올로기*The Ideology of the Aesthetic*』에서 칸트의 판단 이론에 담긴 사회적 야망을 다음과 같이 기술한다.

심미적 문화 영역에서 …… 우리는 훌륭한 그림이나 장엄한 교향곡에 대한 반응의 즉각성으로 인간성을 공유하는 경험을 할 수 있다. 역설적이게도, 우리가 또 다른 사람들과 가장 조화롭게 어울리는 것은 분명 우리 삶의 가장 사적이고 덧없으며 무형적인 국면들 속에서이다.(Eagleton 1990 : 76)

이글턴에 따르면, 예술 감상의 핵심에 중심적인 역설이 존재한다. 예술에 대한 우리의 반응은 '즉각성'을 포함한다. 우리는 즉각적이고 내적이며 전적으로 주관적인 방식으로 아름다움을 느낀다. 그러나 이 사적이고 즉각적인 경험으로 우리는 타인들과 '인간성'의 상식을 공유할 수 있다. 어떤 것에서 아름다움을 느끼는 경험은 우리에게 개인이자 동시에 한 집단의 구성원이라는 느낌을 준다.

사례 연구 6 : 상상력, 사회, 신체

미적 판단 속에서 "이기주의가 극복된다"는 칸트의 주장은 모더니즘적 문학 텍스트와의 유비로 분명해진다. 제임스 조이스의 『젊은 예술가의 초상*A Portrait of the Artist as a Young Man*』(1916)에 등장하는 반￪ 자전적 주인공 스티븐 디달러스는 어떤 예술 작품은 우리에게 미적 경험을 제공하고 어떤 작품은 그렇게 하지 못하는 이유를 설명하고자 '적절한 예술'과 '부적절한 예술'을 구분한다.

부적절한 예술로 자극받는 느낌은 동적인 욕망이나 혐오이다. 욕망은 우리로 하여금 어떤 것을 소유하고, 그것을 향해 나아가도록 충동한다. 혐오는 우리로 하여금 어떤 것을 버리고 그것에서 벗어나도록 충동한다. 그것들을 자극하는 예술, 외설적 예술이나 교훈적 예술은 그러므로 부적절한 예술이다. 심미적 감정(일반적 용어로)은 그러므로 정적이다. 마음은 억제되고 욕망이나 혐오에서 승화된다.(Joyce 1996 : 233)

스티븐 디달러스에 따르면, 우리가 만약 어떤 이미지, 말하자면 외설적 이미지에 성적으로 자극받는다거나 광고나 정부 선전물처럼 우리를 특정 방향으로 이끌도록 의도된 이미지에 현혹된다면, 우리의 욕망과 신체적 감각의 활동으로 그 이미지를 미적으로 제대로 판단하기 어렵다. 아름다움을 좋아하는 감정은 디달러스가 말한 '정적인' 것, 그리고 칸트가 말한 '무관심한' 상태에서 나온다. 스티븐 디달러스처럼 칸트도 주장했듯이, 신체적 감각을 사용하여 판단하는 한 우리는 어떤 면에서 그것을 욕망하거나 그것에 의해 동기를 부여받아 그 대상에 '열중하게' 될 뿐이다. 미적 판단을 형성하려면 그 대상에 대한 우리의 반응에서 편파적이거나 주관적인 것, 즉 우리의 자연적·신체적 자아의 이기주의나 감각에서 유래한 것을 추방할 필요가 있다. 이러한 무관심 상태를 얻으려면 상상력을 사용해야 한다고 칸트는 주장한다. 상상력은 우리가 세계에서 차지하는 특수하고 신체적인 입장에서 우리를 일시적으로 해방시켜 더 일반적인 입장에서 사유하도록 만든다. 우리 자신 밖으로 나갈 수 있는 이 능력은 또한 우리가 우리 자신의 편파적인 편견과 동기를 극복하고, 따라서 아름다움에 대한 '무관심한' 지각을 얻을 수 있음을 의미한다. 여기서 아렌트에게 중요한 점은, 이 '무관심' 상태를 얻는 과정에서 우리가 공동체와 일치된다는 것이다. 우리는 우리를 타인들과 함께 공통문화와 합치시키는 미적 경험 속에서 사적이고 주관적인 자연적 자아를 극복한다.

확장적 사고

아렌트에게는 이 무관심한 관점의 획득이 '확장적 사고'이거나 '확장적 정신성'이다. 그것은 개인의 정신이 판단 작용 속에서 확장되어 타인들의 견해를 고려한다는 뜻이다. 이기적이고 사적인 또는 신체적 관심의 배제는 개인으로 하여금 "판관이 판결을 내릴 때 작용할 것이라 기대되는 공명정대함과 일반적 입장"(LKPP : 56)을 계발할 수 있게 한다. 물론 실제로는 아무도 자기 자신의 이기적 자아와 욕망, 호오好惡를 완전히 배제하지는 못한다. 그렇게 한다는 것은 곧 그 자신의 신체와 절연하는 것과 같다. 그러나 우리의 '사적' 자아와 성향을 배제하고 더 객관적 입장을 취하도록 고무하는 유형의 재판 경험이 존재한다.

재판 드라마

아렌트에 따르면, 공명정대한 판단의 예가 청중 또는 연극의 관객이다.

> 관객이 가진 이점은, 그가 연극을 전체로서 본다는 것이다. 반면 배우들 각자는 오직 자신의 역할만 알고 있거나, 만일 자신이 한 행위의 시각으로 판단해야 한다면 오직 그와 관련된 전체의 부분만 알고 있다. 배우는 정의상 편파적이다.(LKPP : 68-69)

아렌트에 따르면, 우리는 결코 우리 자신의 행위를 적절하게 판단할 수 없다. 왜냐하면 우리는 전체적으로 실제 의미를 이해할 필요가 있는 행위들과의 필연적 분리를 얻을 수 없기 때문이다. 우리가 우리 삶의 과정에서 행하는 것은 종종 우리가 알고 있지 않고 알 수도 없는 반향(예컨대, 우리가 행동해 왔던 것은 우리가 죽은 이후에 다른 사람들의 삶에 영향을 끼칠 수도 있다.)을 일으키며, 그래서 우리는 결코 우리 행위의 전체 의미를 알지 못한다. 우리는 어떤 의미에서 우리의 삶을 살아가면서 더 큰 드라마 속의 한 인물을 연기하고 있다. 그러나 우리는 연극의 특정 인물의 행위를 판단할 수 있는 것처럼 타인들의 행위를 판단할 수 있다. 그러나 관객이 '전체로서의 연극을 본다'고 해도, 관객의 시각은 그 행위와 완전히 분리되지 않는다. 관객은 사물을 객관적으로 보지 않는데, 그것은 관객이 여전히 그 광경에 사로잡혀 있기 때문이다. 관객이나 청중은 연극에 포함된 구성원이다. 관객 없이는 연극이 연극일 수 없기 때문에, 관객은 연극의 아주 중요한 부분이다. 그러나 관객은 또한 그 행위 바깥에 존재하고, 그래서 그것의 전체 의미를 볼 수 있다. 관객의 상상력은 각자 자기 자신을 무대 위 배우와 동일시하게 만든다. 관객의 감정은 그 자신의 것이지만 다른 누군가의 감정적 삶, 비극의 경우엔 다른 누군가가 겪는 고통의 초상에 반응한다.

'공통감'

관객은 늘 많은 관객들 중 한 명이다. 우리는 다른 청중들과 함께 광경에 대한 반응을 공유한다. 그 광경에 대한 서로 다른 반응들 중에 공통된 것이 있다는 것을 인지함으로써 우리는 세계를 경험하는 공통의 방식을 공유한다는 것을 깨닫는다. '상식' 혹은 칸트의 명명법대로라면 '공통감Sensus Communis'이다. 이것은 우리가 보통 상식이란 말로 의미하는 것과는 완전히 다른 것이다. 그것은 당연한 것을 보는 능력이 아니라, 관객들마다 연극의 개별적 해석이 다르다고 해도 서로 다른 관객들 사이에 공통적으로 존재하는 좋음과 아름다움에 대한 감각이다. 아렌트에 따르면, 전체주의를 경험하면서 잃어버린 것이 바로 이 '공통감', 즉 세계를 경험하는 공유된 방식이다.

아름다움과 유일성

칸트의 판단 이론이 어떻게 아렌트로 하여금 아돌프 아이히만의 재판에 대한 독특한 시각을 형성하도록 했는지를 숙고해 보자. 칸트의 관심은 아름다움의 유일성에 관한 것이다. 아름다움은 아름다움이 무엇인지에 대한 추상적이고 이론적인 관념이 아니라 오직 아름다움의 개별적 예들 속에서만 발견된다. 칸트는 우리가 마치 아름다움의 관념이 존재하기라도 하는 것처럼 행위하고, "아름다움이 마치 대상의 한 특징이며 판단이 논리적이기라도 한 것처럼 아름다움에 대해 말하지만"(Kant 1987 : 54), 실제로는 오직 개별적인 미적 경험만이 존재할 뿐이라고 주장한다.

아름다움에는 절대적 규칙이 존재하지 않는다는 이러한 인식은 영국의 모더니즘 문학의 글쓰기를 가능하게 했다. 미국의 모더니즘 작가 거트루드 스타인Gertrude Stein(1874~1946)은 "장미는 장미인 것이 장미"라고 썼다. 장미는 수백 년 동안 자연적 아름다움의 상징이었지만, 스타인의 시에서는 더 이상 상징이 아니다. 장미는 더 이상 다른 어떤 것을 표상하고자, 이를테면 사랑이나 영국다움 또는 순진무구함의 관념을 재현하는 데 필요한 아름다운 사물이 아니다. 스타인의 시에서 장미는 오로

지 그 자신에게로 되돌아가는 상징으로, 일반화될 수 없는 개별적 사물
이다.

반성적 판단 vs 규정적 판단

칸트를 따라 아렌트는 아름다움을 판단하는 방식을 '반성적 판단reflective judgement'으로 규정하고, 이를 칸트가 '규정적 판단determinant judgement' 이라 명명한 판단과 대조시킨다.

> 규정적 판단은 개별적인 것들을 일반적인 규칙에 포함시킨다. 반면에 반성적 판단은 개별적인 것들에서 규칙을 도출한다.(LKPP : 83)

반성적 판단이 개별적인 미적 대상들에 대한 판단인 반면, 규정적 판단은 그것을 지배하는 규칙을 가진다. 예를 들어 판단이 법정에서 이루어질 때 법은 판결을 위해 무엇이 합법적이고 비합법적인지를 결정하고, 판단의 과제는 단지 그 법을 진행 중인 개별 사례에 적용하는 것이다. 아렌트는 전체주의 지배 경험으로 파괴된 것이 바로 이 같은 합법적이고 도덕적인 규칙들이고, 그와 더불어 규정적 판단을 할 수 있는 가능성이었다고 주장한다. 『예루살렘의 아이히만』 후기에서, 그녀는 전체주의의 지배를 받는다는 것이 어떤 것인지를 기술한다.

> (전체주의적 지배 하에서는) 개인들이 직면한 개별적 경우들이 포함되는, 지켜야 할 어떠한 규칙도 존재하지 않는다. 개인들은 어떤 일이 발생하

는 대로 각각의 경우를 결정해야 한다. 왜냐하면 어떠한 규칙도 전례가 없는 사건들을 위해 존재하지 않기 때문이다.(EJ : 295)

아렌트는 나치 독일의 전체주의적 환경이 개인들을 반성적 판단을 요구하는 상황 속으로 밀어 넣었다고 주장한다. 전체주의적 환경 속에서 개인은 점점 더 기괴하고 예기치 못한 일련의 사건들에 직면하고, '그것이 일어나는 대로' 각 사건을 판단할 수밖에 없다. 어떤 '규칙들'도 나치 독일에서 벌어지는 전혀 예기치 못한 사건들에 대한 지침으로 사용될 수 없었다. 아렌트는 많은 사람들이 이 새로운 현실의 도전에 대처하는 데 실패했다고 주장한다. 그것을 판단하는 새로운 방법을 찾기는커녕 오히려 그들의 양심이 무너졌다고 말이다. 아이히만은 어떠한 정치적 상태가 공동체가 공유한 일련의 공적·도덕적·합법적 가치들을 훼손했을 때 인간이 취할 수 있는 것이 무엇인지를 보여 주는 전형적 예이다. 아렌트는 매우 침울하게, 그러한 상황에서 개인들 대부분은 그 가치를 위해 싸우는 것이 아니라 오히려 새롭고 기괴하며 전례 없는 사회적 현실에 순응한다고 말한다.

아렌트는 예루살렘 법정도 나치 독일의 사람들처럼 반성적 판단을 해야 했는데, 결국 새로운 현실에 도전하는 데 실패했다고 생각한다. 아이히만의 행위를 기존의 법적·도덕적 기준에 따라 결정하려는 시도는 아이히만이 구체화한 인간 본성의 급격한 변화를 법정이 제대로 인지하지 못할 위험을 낳았고, 불행하게도 법정은 이러한 요구에 맞게 행동하지 못했다. 법정은 아이히만의 행동에 당혹스러워하면서 그의 사례를 홀로코스트에서 나타난 풀리지 않는 질문들, 예컨대 "그것이 어떻게 일어날 수 있는가?" "왜 일어났는가?" "왜 유대인인가?" "왜 독일인들인가?"
(EJ : 5) 등과 같은 질문들을 상징화하는 데 의지했다. 아렌트는 이것으로
는 정의의 근거를 만족시키지 못한다고 말한다. 아이히만의 이야기를 나
치의 대량학살의 전체 서사와, 그리고 반유대주의의 전체 역사와 혼합하
는 데 따른 위험이 역설적이게도 아이히만을 그의 범죄에서 해방시키는
결과를 초래했다.

> 만약 피고가 하나의 상징으로 취해지고 재판이 한 사람의 유무죄보다는
> 훨씬 더 흥미로운 문제들을 도입하기 위한 구실로 취해진다면, 아이히만과
> 그의 변호사의 주장을 따르는 것이 더 일관성이 있을 것이다. 아이히만은
> 인종과 원죄뿐만 아니라 반유대주의와 전체주의적 정부의 …… 속죄양이
> 필요했기 때문에 처벌받았다는 주장 말이다.(EJ : 286)

예루살렘 법정은 아이히만의 낯선 특수성에 전념하는 데 실패했고, 대
신에 그를 나치 독일의 전체 범죄 계획, 심지어는 인간 범죄의 전체 역사
의 상징으로 만들어 버렸다. 아렌트는 예루살렘 법정이 '여론 조작을 위
한 공개재판'을 했다고 주장하는 것이 아니라, 아이히만 범죄의 유일성
과 새로움을 직시하지 못했기 때문에 전체주의 하에서 인간성에 무슨
일이 일어났는지를 이해할 수 있는 역사적 기회를 잃어버렸다고 지적하
는 것이다.

아이히만의 이야기

아렌트는 책에서 아이히만에 대해 예루살렘 법정이 하지 못한 반성적 판단을 내리려 애썼다. 이를 위해선 전후 세계의 새로운 탈전체주의적 조건에 들어맞는 새로운 정의 관념을 상상해야만 했다. 이 정의 관념과 실천은 아이히만의 '삶의 이야기'를 말하는 것으로 시작되었다. 이러한 스토리텔링을 하려면 아이히만과 그의 이야기의 특별함을 예루살렘 법정이 매달린 훨씬 더 큰 쟁점과 분리시켜야 했다. 아렌트는 아이히만이 거짓말을 하거나 실제 악의를 감추려 했다고 추정하지 않았다. 오히려 아이히만이 공적 공간에 참여하는 다른 행위자들처럼 단지 자신의 진정한 정체성을 법정에서 드러내지 못했을 것이라 생각한다. 아렌트는 아이히만의 이야기를 전체주의가 초래한, 인간 역사와 전통에 일어난 급격한 단절의 징후로 간주한다. 그 법정의 판단처럼 아이히만에 대한 아렌트의 판단 역시 일반적 결론이 특수한 경우에서 도출될 수 있다는 것을 함축한다. 그러나 법정의 판단과는 달리, 아렌트의 판단은 이 일반적 결론을 삶의 이야기 그 자체에서 찾아낸다. 따라서 그것은 공식적인 이스라엘의 판결에서 잃어버린 반성적 판단으로 규정될 수도 있다.

그렇다면 한나 아렌트에게 아이히만은 누구인가? 아렌트는 그를 결코 괴물로 생각하지 않는다. 그녀는 아이히만이 "무서울 정도로 규범적"(EJ : 276)이라고 결론 내린다. 아이히만이 지향한 가치들은 매우 부르주아적이다. "그가 열렬히 믿은 것은 '좋은 사회'의 최고 기준인 성공이었다."(EJ : 126) 재판은 한 사회의 가장 '규범적인' 구성원이 사회 현실의 조직이 닳기 시작할 때, 또는 세계의 굳건한 토대가 발밑에서 흔들릴 때, 어떻게 가장 지독한 범죄에 연루될 수 있는지를 보여 주었다. 그는 그 범죄에 연루되는 것이 존경할 만한 부르주아 세계에서 자신의 자리를 지키는 방법이라고 생각했다.(그리고 그것은 이미 판명난 대로 잘못된 생각이었다.)

아이히만은 자신이 결코 '비열한 동기'(EJ : 25)에 따라 행위하지 않았다고 주장하는 데서 전형적인 부르주아적 도덕성을 보여 주었다. 아렌트는 이것이 아이히만이 자신의 진짜 끔찍한 범죄행위를 감추기 위해 꾸민 연막이라고 추정하지 않고 오히려 그를 그의 말 그대로 간주한다. 그렇다면 결코 비열한 방식으로 행동하지 않았다고 주장하는 누군가가 어떻게 '최종 해결'에 연루되었는가? 제2차 세계대전 기간 동안 아이히만의 양심은 왜 작동하지 않은 것처럼 보이는가? 왜 그의 직업적 야망이 그가 연루된 일의 절대적 범죄성에 대한 자각을 가로막았는가?

아이히만은 본질적으로 독일제국의 유대인을 동부에 있는 죽음의 수용소로 이송하는 일을 준비하는 책임을 맡은 관료였다. 그가 비록 살인에는 연루되지 않았다 해도 아이히만이 집단수용소로 이송되는 사람들의 운명이 어찌될지 정확히 알고 있었다는 것에는 의심의 여지가 없다. 아이히만은 아우슈비츠를 여러 차례 여행했고, 1941년에는 유대인의 대량 총살을 보고하고자 러시아의 민스크를 방문했다.(그는 지휘관인 하인리히 뮐러에게 "자신이 보았던 것을 정말 참을 수 없었다."(EJ : 89)고 말했다.) 그리고 얼마 후 독일이 점령한 지역의 모든 유대인을 몰살하려는 계획을 통보받았다. 그러나 그 어떤 것도 규범적이고 평균적인 부르주아 도덕성을 지닌 아이히만이 꼼꼼하고 철저하게 자신의 일을 수행하는 것을 막지 못했다. 어떻게 그럴 수 있었는가? 아렌트는 이 질문들에 대한 중요한 답변이 법정에 선 아이히만의 모습에서, 그리고 특히 그의 언어 사용법에서 드러난다고 말한다. 아렌트는 아이히만이 하는 말의 지독한 진부함에 주목하고, 그가 "상투적 문장이 아니면 단 한 문장도 말하지 못한다"(EJ : 48)는 것을 발견한다. 그녀는 자신을 표현하는 아이히만의 방식에 나타난 독창성의 결여를 그의 인간성에 존재하는 훨씬 더 심각한 문제의 징후로 여긴다.

그의 말을 들으면 들을수록 그의 말하기의 무능이 사고하기의 무능, 즉 다른 누군가의 입장에서 생각하지 못하는 무능과 밀접하게 연관되어 있다는 것이 더 분명해진다. 그와는 어떤 의사소통도 불가능한데, 그것은 그가 거짓말을 하기 때문이 아니라 타인들의 현존과 말, 따라서 현실 그 자체에서 보호받을 수 있는 가장 믿을 만한 안전장치로 둘러싸여 있기 때문이다.(EJ : 49)

아이히만은 타인들을 생각하고 그들과 소통해야 하는 필요에서 그를 면제해 준 자기표현 방식인 언어의 진부함이라는 방어막으로 자신을 에워싸고 있었다. 역설적이게도 칸트의 '확장적 정신성'으로 생각하지 못하는 이 무능, 즉 '다른 누군가의 입장에서' 생각하지 못하는 무능은 아이히만이 그의 주변 사람들의 행위에서 자기 행동의 계기를 마련했음을 의미한다. "그의 양심을 진정시킨 가장 강력한 사실은 그가 '최종 해결'에 실제로 반대하는 사람을 아무도, 정말 아무도 보지 못했다는 사실이다."(EJ : 116) 아이히만의 이야기는 부르주아 인간성을 지닌 순응주의자가 주변 사람들이 모두 똑같이 행동하는 것을 보면 절대적 범죄성의 기준에 기꺼이 순응할 수 있음을 보여 준다.

판단력, 혹은 특별함을 사유하는 능력

아돌프 아이히만의 개별적 이야기에서 도출될 수 있는 일반적 결론은 무엇인가? 그는 우리에게 독일 중산층이 히틀러의 집권을 지지한 이유를 가르쳐 준다. 아이히만의 예로써 생각해 보건대, 그들은 히틀러가 그들의 계급적 지위가 위협받지 않을 것 같은 세계에서 계속 부르주아로 남을 수 있게 해 준다고 약속했기 때문에 그렇게 했다. 그러나 아렌트에 따르면, 그 어떤 것보다도 부르주아가 히틀러를 반대하지 않은 이유는 주변에서 그렇게 하는 사람을 보지 못했기 때문이다. 대중 순응주의 현상이 히틀러의 권력을 지켜 주었다.

이 장의 또 다른 주제는 탈전체주의적, 탈형이상학적 세계에서 정의의 지위에 대한 것이었다. 우리는 칸트의 『판단력 비판』, 특히 그의 반성적 판단 이론이 '모든 절대적 기준이 붕괴된 세계에서 어떻게 유의미한 판단을 할 수 있는가'라는 문제를 사유하는 중요한 방법을 아렌트에게 제공했음을 보았다. 이런 면에서 아렌트의 칸트 이용은 탈모더니즘 철학자인 장 프랑수아 리오타르Jean-François Lyotard(1924~98)처럼 정의와 유일성 문제에 전념해 온 다른 비판적 사상가들에게 칸트 사상이 갖는 중요성을 반영한다. 다음 장에서 보겠지만 '정의가 무엇을 의미하는가'라는 물음은 우리 시대의 추상적인 철학 문제라기보다는 오히려 현실적이고 정치적인 문제이다. 아이히만에 대한 아렌트의 작업은 정치적이고 철학적인 근대성과 관련하여 정말 중요한 문제가 무엇인지를 뚜렷이 보여 주는 시도이다.

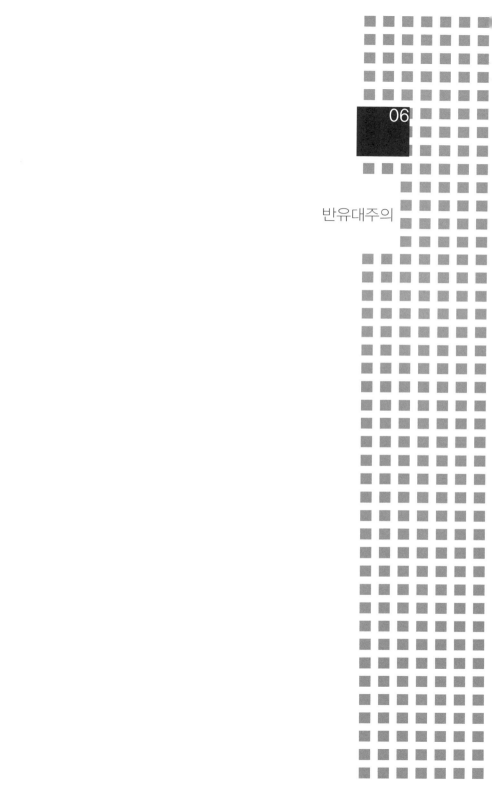

06

반유대주의

Hannah Arendt

이 장에서는 아렌트의 기념비적 저서 『전체주의의 기원*The Origins of Totalitarianism*』(1951)을 살펴볼 것이다. 아렌트는 전쟁 기간에 이 책을 쓰기 시작해, 러시아와 독일에서 전체주의 체제의 공포가 확산되자 1940년대 후반에 미국에서 원고를 완성했다. 이 책은 '반유대주의', '제국주의', '전체주의' 등 독립된 세 권으로 나뉘어져 있다. 이 장과 다음 두 장에서 차례대로 고찰할 것이다. 이 책의 처음 두 권은 1870년에서 1930년까지 대략 60년에 걸쳐 유럽 사회에서 나타나고, 마지막엔 히틀러의 나치즘과 스탈린의 공산주의라는 전체주의 운동으로 구체화된 어떤 '요소들'의 형성을 이해하고 설명하려 했다. 이 요소들 가운데 가장 중요한 세 가지 요소가 근대의 반유대주의, 제국주의, 국민국가의 붕괴였다. 이 장에서는 이 중 첫 번째 요소, 아렌트의 역사 이해에서 복합적이고 매혹적인 주제를 나타내는 반유대주의를 다룬다. 근대 반유대주의가 지닌 역설을 이해하고자 근대의 유대인 작가, 특히 마르셀 프루스트(1871~1922)와 프란츠 카프카(1883~1924)의 문학적 저술을 아렌트가 어떻게 사용하는지를 살펴볼 것이다.

전체주의와 역사

아렌트는 평생의 작업을 통해 전체주의가 인간 사회의 역사 속에서 완전히 새롭고 유례없는 사건이었으며, 이 사건이 그것을 역사적으로 이해하는 새로운 모델을 요구했다는 관점을 세우는 데 공헌했다. 아렌트에 따르면, 1961년의 아돌프 아이히만 재판은 정의, 범죄성, 개인적 책임 등에 대한 전체주의적 이념이 전체주의적 체제가 저지른 범죄들의 완전히 새롭고 혼란스러운 본질을 설명하지 못했음을 보여 주었다.(5장 참조) 같은 방식으로『전체주의의 기원』에서 아렌트는 전체주의적 운동, 그 기원과 체제를 이해하는 기존의 역사적 이해 틀의 능력에 의문을 제기한다. 전체주의의 요소들은 더 관습적인 역사적 서사물에서 나타나듯 전체주의의 '원인들'로 이해되어서는 안 된다. 아렌트는, 그로부터 10년 후 아이히만의 경우에도 그랬던 것처럼, 이 새롭고 거의 이해 불가능한 사건들을 역사적으로 이해하는 새로운 방법론을 찾아 스토리텔링에 주목한다.

아렌트는 19세기 후반과 20세기 초반에 발견된 전체주의 요소들이 반드시 전체주의로 이어진 것은 아니기 때문에 그것들이 그와 같은 전체주의를 '야기'한 것은 아니라고 주장한다. 사건은 늘 다른 방향으로 귀결되어 왔다. 아렌트는 저서에서 19세기 후반과 20세기 초반 유럽의 사회적·정치적 삶에 참여했던 어떤 새로운 종류의 경험들이 전체주의적 운동을 형성하는 데 영향을 끼쳤을 것이라고 추정한다. 실제로 이 기간에 전체주의의 범죄적 실천에 중심이 된 새로운 형식의 사회적 경험들과 새로운 유형의 인격이 출현했다. 예를 들어, 아렌트는 유럽에서 유대인 집단학살에 연루될 수 있었던 인격은 아프리카에서 유럽 권력이 저지른 잔인한 제국주의적 만행에서 창안되었다고 주장한다.(7장 참조) 이와 비슷하게, 나치의 반유대주의 콤플렉스 심리학은 19세기 후반 유럽 사회에서 창안되었다고 주장한다.

스토리텔링과 전체주의

서로 다른 역사적 사건들의 입증 가능한 관련에 초점을 맞추는 관습적·역사적 이해의 관점에서 보면, 아렌트의 주장은 빈약해 보일 수밖에 없다. 그러나 아렌트는 전체주의와 이 요소들의 관계는, 그 역사를 기술하기보다는 전체주의의 이야기를 말함으로써 훨씬 더 진정하고 유의미한 방법으로 포착될 수 있다고 판단한다. 1958년, 아렌트는 『전체주의의 기원』에서 어떻게 "영구히 순환하는 이미지 형태로" 이 의도를 표현하려 했는지를 처음으로 밝혔다. "나는 파괴하려면 그 구성 요소들을 분해해야만 하는 결정화된 구조를 다루고 있다고 느꼈다."(Kohn 2002 : 626, 재인용)

　실제로 『전체주의의 기원』에 나타난 아렌트의 스토리텔링에는 하나의 파괴적 요소가 존재한다. 그녀는 말 그대로 전체주의의 '결정화된 구조'를 각 구성 부분들로 분해하려 한다. 달리 말해서, 전체주의의 이야기를 말하는 방식으로 전체주의 그 자체를 파괴하고 싶어 한다. 그녀의 저서는 단지 전체주의를 정적이거나 지적인 방식으로 이해하는 것이 아니라 전체주의에 적극 반대하고 저항하며, 궁극적으로는 그것을 파괴하는 데 그 목적을 둔다. 또한 구조에서 구조를 이루는 요소들로 거꾸로 작업하면서, 이 '요소들'이 필연적으로 전체주의로 이어지지는 않는다는 걸 규명하려 한다. 전체주의가 유럽에 자리를 튼 것은 이 요소들의 특별한 조합과 그 조합을 가능하게 한 사회적 조건들 때문이었다.

반유대주의에 대한 사유

근대의 반유대주의를 이야기하며, 아렌트는 자신의 책이 출판되기 전 한 세기 넘게 사회 이론가들과 비판적 사상가들을 곤혹스럽게 했던 문제에 골몰한다. 카를 마르크스 같은 많은 사상가들에게 유대인과 비유대인 Gentile 간의 난처한 사회적 관계 문제는 부르주아 사회에 내재한 모순들을 사유할 수 있는 유용한 방법을 제공했다. 반유대주의는 마르크스주의 전통에서 여전히 중요한 문제로 남아 있고, 마르크스주의적 비판적 사상가인 막스 호르크하이머와 테오도어 아도르노의 저서『계몽의 변증법*Dialektik der Aufklärung*』(1944)의 마지막 장은 바로 이 문제에 바쳐졌다. 더 최근에는 해체주의자 자크 데리다와 탈근대주의자 장 프랑수아 리오타르가 철학적·역사적·텍스트적 문제로 반유대주의를 광범위하게 다루어 왔다.

아렌트는 반유대주의가 근대사회의 결정적 문제가 되어 왔다고 보는 견해에는 동의하면서, 특히 반유대주의가 19세기 유럽 사회에서 나치 선전과 이데올로기로 걸어 들어간 굽은 길을 추적한다. 때문에 역설적이게도 유대인을 포함하는 동시에 배제하는 비유대인 사회에서 유대인이 개발해 온 복합적인 자의식을 탐구하는 데 열중한다. 아렌트의 반유대주의 연구는 유럽에서 유대인이 걸어온 정치적·사회적 역사에 대한 이해를 필요로 한다. 그래서 이 장은 이 상이한 문제들을 고찰하는 것으로 시작한다. 이 장의 말미에서는 반유대주의 심리학에 대한 아렌트의 매력적이고도 불온한 통찰을 살펴볼 것이다.

반유대주의와 정치

전체주의의 기원에 대한 이야기는 19세기 말 유럽 상류사회의 거실로 그녀를 데려간다. 결국 나치 이데올로기의 핵심이 된 반유대주의가 왜 이 시기에 유럽의 사회생활에서 그토록 두드러졌는가? 아렌트는 반유대주의의 새롭고 매우 근대적인 형식이 어떻게 나치의 집단학살을 예비했는지를 살피는 독특한 형식의 철학적 사회사를 제안한다. 그러나 아렌트 비평가 조지 캐테브George Kateb가 상기시키듯, "반유대주의는 죽음의 수용소들과 연결될 필요가 없다. 그러나 유럽인들이 반유대주의를 세계를 통찰하는 한 가지 방식으로 만들지 않았다면 죽음의 수용소들은 존재하지 않았을 것이다."(Kateb 1984 : 58) 아렌트의 연구는 19세기 후반 유럽의 사회적 경험을 이해하고, 그리하여 반유대주의자가 된다는 것과 반유대주의의 희생양이 된다는 것이 어떤 느낌인지 그 감각을 회복시키려는 논쟁적인 시도를 곧잘 한다. 캐테브는 다음과 같이 말한다.

> 〔아렌트는〕 근대 유럽의 반유대주의를 이해 가능한 사회적·정치적 경향으로 만들고자 온갖 노력을 다한다. 그 이해 가능한 방식이란, 반유대주의자들의 사고를 사유하고, 그들이 세계를 보고 느끼는 방식을 연구하고 반쯤은 상상하는 것이다.(Kateb 1984 : 61)

아렌트의 저서는 독특한 방식의 사회사를 제안한다. 그녀는 유대인과 반유대주의자들을 막론하고 역사적 행위자들의 생각과 감정을 확인하고자, 그리고 세계와 제 경험을 받아들이는 그들의 방식을 재구성하고자 자신의 상상력을 사용한다. 이 방식은 그녀를 예기치 못한, 때로는 불온한 통찰로 인도한다.

'유대인 문제'

아렌트는 저서에서 근대의 반유대주의에 대한 정치적 이해를 회복하려 노력한다. "한 번도 친구가 된 적이 없는, 오직 적들만이 유대인 문제가 정치적 문제임을 이해했다는 것이야말로 유대 민족의 역사에서 가장 불행한 사실"(OT1 : 56)이었다. '유대인 문제'란 무엇인가? 리처드 번스타인 Richard Bernstein은 『한나 아렌트와 유대인 문제Hannah Arendt and the Jewish Question』에서 "이 용어는 느슨하게 관련된 역사적·문화적·종교적·경제적·정치적·사회적 쟁점들과 관련하여 일련의 전환을 가리키는 데 쓰였다."(Bernstein 1996 : xi)고 기술한다. 아렌트의 저서를 자세히 살펴보기 전에, 유대인 문제가 제기한 통합적 쟁점들을 간단히 짚고 넘어가자.

19세기에도 이 유대인 문제에 답하려는 저명한 사상가 및 언론인들의 시도가 적지 않았다. 카를 마르크스의 에세이 「유대인 문제에 관하여 On the Jewish Question」(1843), 선도적 시온주의자 테오도어 헤르츨Theodor Herzl(1860~1904)의 소책자 『유대인 국가Der Judenstaat』(1896) 같은 시도가 그것이다. 유대인은 19세기의 첫 10년 동안 유럽의 여러 나라에서 정치적 자유, 더 일반적 용어로는 해방을 인정받았다. 계몽주의와 프랑스혁명의 원칙은 정치에서 종교를 분리하고, 종교를 양심의 문제로 엄격히 비정치적 문제처럼 만들려고 했다. 유대교도가 되든 가톨릭교도가 되든 기독교도가 되든, 그것은 많은 국가에서 최소한 공식적으로는 개인의 문제가 되었고, 그래서 유대인은 헌법적 차원에서는 다른 사회 구성원들과 동등해졌다. 그러나 이 새로운 정치적 자유가 시민사회에서는 받아들여지지 않았다. 시민사회에서 유대인은 여전히 비유대인 공동체에 완전히 통합, 더 일반적인 용어로는 동화되지 않았고, 그래서 새로 마련된 정치적 자유에도 불구하고 반유대주의로 인한 고통을 계속 받았다. 그래서 유대인 문제는 유대인과 그들의 이웃 간에 진행 중인 사회적 문제를 해결하는 것과 관계가 있었다. 헤르츨 같은 시온주의자들은 유대인에게 그들의 나라를 세워 주면 이 문제를 해결할 수 있다고 보았다. 반면, 마르크스 같은 공산주의자들은 다른 사회문제들처럼 국가를 모두 없애면 이 문제가 해결된다고 했다.

근대의 반유대주의는 초기 형태의 반유대주의와는 다르다. 왜냐하면 근대의 반유대주의는 분리된 공동체가 아니라 한 사회에서 공통의 시민 자유를 가지고 서로 함께 사는 와중에 유대인과 비유대인 사이에서 일어나는 긴장에서 생겨난 문제였기 때문이다. 마르크스에게 정치적 해방이 유대인 문제를 해결하지 못한 사실은 정치와 사회 간의 더 큰 긴장으로 나아간다는 뜻이었다. 마르크스는 정치적 자유를 부여받은 이후에도 시민사회의 사적 공간에서는 광범위한 강압이 존재한다는 느낌을 계속 받았고, 따라서 일상적 부르주아적 형태로는 정치가 사회문제를 해결할 수 없다고 주장했다. 마르크스는 「유대인 문제에 관하여」에서, 정치적 자유와 사회적 강압 사이의 이 같은 대립은 부르주아 사회에서 인간이 '이중적 삶'을 살고 있음을 뜻한다고 주장한다.

'정치적 공동체'에서 개인은 자신을 '공동 존재'로 간주한다. 그러나 시민사회에서 그는 '사적 개인'으로 활동하고, 다른 사람들을 수단으로 취급하고, 자기 자신조차 수단으로 환원하고, 결국 외세의 장난감이 된다.(Marx 1997 : 225)

마르크스는 이 분열된 실존이 비단 유대인뿐 아니라 모든 사회적 구성원에게 해당하는 문제라고 주장한다. 아렌트는 부르주아 사회를 자유롭지 못한 공간으로 본 마르크스의 인식에 기초하기는 했지만, 반유대주의가 사회적 문제로서 그 자체의 특수하고 독특한 지위를 개발해 왔다고 생각한다. 그러나 유대인 문제에 대한 마르크스와 아렌트의 분석 사이에 전체주의의 역사가 개입하면서 유대인 문제에 대한 적절한 정치적 반응을 찾아내기가 마르크스 때보다 훨씬 더 어려워졌다. 나치가 결국에는 유대인 문제에 대한 '최종 해결', 즉 유대인들의 대량학살을 선택하는 바람에 이 문제가 지닌 본래의 심각성은 다소 잊혀졌고, 심지어 이 문제를 제기하는 것 자체가 반유대주의에 오염되는 것으로 인식되었다. 그럼에도 불구하고 아렌트는 문제를 제기했다.

반유대주의와 사회

아렌트는 정치적 해방과 비유대인 사회로의 부분적 동화가 이루어지면서 유대인들이 자신들의 사회적 정체성을 개발하기 시작했고, 이로써 그들은 더 이상 특정 종교 집단으로 혹은 로스차일드Rothschild 가문〔세계적으로 유명한 유대계 금융자본 가문〕으로 상징되는 유럽의 유대계 국제

금융가라는 거대한 경제력의 측면에서만 규정되지 않았다고 주장한다. 동화된 유대인들은 예술가로, 철학자로, (가끔은) 정치인으로 활동한다. 아렌트는 이 새로 형성된 자유에서 나온 유대인의 사회적 정체성이 새로 형성된 사회적 용인보다 훨씬 더 많은 동화의 실패들로 형성되었다고 주장한다.

> 유대인의 정치적·경제적·법적 평등에 직면한 사회는 어떤 계급도 유대인의 사회적 평등을 승인할 준비가 되어 있지 않다는 것을, 그리고 유대인 가운데서도 오직 제한된 소수만을 수용한다는 점을 분명히 했다.(OT1 : 56)

유대인 가운데 특출한 사람들만이 사회로의 진입을 허용받고 일반 유대인은 허용받지 못했다는 것이다. 아렌트는 이 '예외적 유대인', 또는 프랑스 유대계 언론인 베르나르 라자르Bernard Lazare(1865~1903)의 용어를 빌려 '벼락부자parvenus'의 사회적 정체성을 조사한다. '벼락부자'는 프랑스와 영국에서 새롭게 부유층으로 진입한 부르주아계급 구성원이라는 사회적 유형, 19세기 산업과 상업의 발달 과정에서 등장한 '뉴머니new money'를 가리키는 프랑스 용어이다. 아렌트는 새롭게 사회에 진입한, 필사적으로 그 사회에 맞추려 하고 미천한 출신에서 벗어나려 한 이 부유하고 성공한 유대인의 모습이 전체주의적 반유대주의의 형성 과정에서 나타난 핵심적인 인간 유형이라고 말한다. 아렌트는 이 '예외적' 유대인이 19세기 말 상류사회에 진입한 시기가 매우 미심쩍다고 주장한다. 특히 이 시기에는 "계몽주의의 참된 관용과 인간의 모든 것에 대한 호기심이 이국적이고 비정상적이며 다른 것에 대한 병적인 갈망으로 대체되

었다."(OT1 : 68)

유대인과 계몽주의

18세기 계몽주의 문화는 인종과 문화가 다른 사람들에게 합리적 관심과 관용을 보여 주었고, 인류 공통의 인간성 이념을 강조하려 했다. 이 계몽주의적 관용 담론과 관련된 핵심 인물은 독일 작가이자 철학자인 G. E. 레싱Lessing(1729~81)이다. 1932년에 쓴 에세이 「계몽주의와 유대인 문제 The Enlightenment and the Jewish Question」에서 아렌트는 레싱의 이념을 기술하며, 레싱에 따르면 "모든 인간 존재의 깊은 내면은, 교리상의 신념이나 도덕, 품행 등의 차이에도 불구하고, 똑같은 인간"(JW : 3)이라고 했다. 그런데 19세기 말에 이르러 유럽 사회가 계몽주의 원칙을 포기했고, 특히 1890년대 파리의 상류사회는 계몽주의적 도덕을 부르주아적이고 위선적이라며 지겨워하기 시작했다. 사회는 여전히 문화적·인종적 타자들에 대한 관심을 유지했으나, 아렌트에 따르면 이것은 계몽적 관용을 '이국적인 것에 대한 병적인 갈망'으로 타락시켰다. 새로운 사회는 인종이 다른 사람들에게서 공통된 인간성을 찾아내는 대신, 차이를 낭만화하고 맹목적으로 숭배하는 데 심취했다. 아렌트에 따르면, 그 신사회는 '그러한 차이'에 대한 애호 취미를 탐닉하려 했다.

벼락부자Parvenu vs 하층민Pariah

아렌트는 동화되기를 바라는 유대계 벼락부자와 반대되는 또 다른 인물 유형으로 베르나르 라자르에게서 차용한 '하층민pariah'을 언급한다. 하층민은 산스크리트어에서 유래한 말로 인도 카스트 체계의 바닥 또는 그 바깥에 존재하는 사람들, 말하자면 '사회 계급에서 추방된 사람'을 가리킨다. 라자르와 아렌트는 이를 시민사회의 경계 너머에 남아 있는 유대인들(실은 주류 유대인)을 가리키는 데 사용한다. 아렌트에게 하층민의 핵심 문제는 그들이 사회 바깥에 존재하기 때문에 정치적으로 활동하지 못한다는 것이다. 라자르와 아렌트는 모두 하층민 범주를 정치화하고, 하층민들이 일종의 혁명적인 유대인 정치 세력을 뒷받침했다고 주장한다. 라자르는 하층민, 즉 사회적 국외자가 된다는 것은 어떤 부유하고 교육받은 유대인들에게는 꽤 매력적인 선택지처럼 보일 수 있었는데, 그것이 자신을 하층민으로 인식하는 사람으로 하여금 일종의 낭만적 국외자로서의 정체성을 형성할 수 있게 하기 때문이라고 주장한다. 그러나 라자르가 생각하기에, 그렇게 하는 것은 하층민의 정치적 책임을 회피하는 것이다. 라자르는 더 나아가 하층민의 하위 범주로 '의식적 하층민'을 식별한다. 1944년에 쓴 에세이 「하층민으로서의 유대인 : 은폐된 전통The Jew as Pariah : A Hidden Tradition」에서 아렌트는 '의식적 하층민'에 대한 라자르의 이해를 기술한다.

자신의 하층민 신분을 자동적으로 그리고 무의식적으로 수용하는 해방되지 못한 동족들과는 반대로, 해방된 유대인은 자신의 신분을 자각하고 의식적으로 그것에 대한 반역자, 억압받는 사람들의 옹호자가 되어야 한다. 자유를 향한 그의 투쟁은 유럽의 모든 학대받는 사람들이 국가적·사회적 해방을 달성하기 위해 수행해야 하는 투쟁의 일부이다.(JW : 283)

의식적 하층민은 벼락부자가 되기를 거부한다. 그는 비유대인 사회의 비위를 맞추기를, 즉 벼락부자가 되기를 거부하지만, 마찬가지로 자신의 신분을 국외자로서 보는 낭만적 관념에 빠지거나 수동적으로 그 지위를 받아들이는 것도 거부한다. 오히려 그 신분을 능동적으로 인식하고 투쟁한다. 역설적이게도 이 국외자적 인물이 자신의 국외자적 신분을 긍정하고 동시에 그에 반항하기만 한다면 그 사람은 배제되고 '학대받는' 사람의 더 일반적인 인간 조건의 핵심적 표상이 될 것이라고 아렌트는 말한다. "하층민이 정계에 들어가 자신의 신분을 정치적 용어로 해석하는 순간, 그는 부득이 반역자가 된다."(JW : 284) 유대인의 해방과 동화同化 실패의 가장 위대한 역설은, 라자르(그리고 그 이후에는 아렌트)가 이해하는 대로, 유대인 하층민이 자신의 국외자적 신분을 의식하고 그것을 공적으로 만드는 순간 그 사람은 대표적인 반역자가 되고 억압받고 배제된 사람들을 위한 길을 개척할 수 있다는 점이다.

카프카

에세이에서 아렌트는 유대인 예술가들 가운데 의식적 하층민의 예를 찾는다. 그리고 프란츠 카프카Franz Kafka의 소설 『성Das Schloß』(1926)을 동화의 실패와 자의식적 하층민의 정치적 잠재력에 대한 알레고리로 읽는다. 카프카는 지금은 20세기의 가장 훌륭한 소설가로 꼽히지만, 아렌트가 그에 대한 글을 쓸 때만 해도 별로 알려져 있지 않았다. 아렌트와 발터 벤야민은 카프카의 초기 옹호자들이다.

카프카의 작품은 K(아렌트에게는 '분명히 유대인'으로 보인다.)라고만 알려진 주인공을 다룬 불온하고 초현실적이며 기괴한 소설이다. K는 자신이 막연하게 연관된 성 아래 자리 잡은 낯선 마을에서 자기 힘으로 생활하고 싶어 한다. 카프카 소설의 역설은, K가 바라는 것은 다른 사람들처럼 정상적으로 대우받고 일을 하여 가족을 꾸리는 것이지만, 그가 그렇게 하려고 하면 할수록 마을 사람들 눈에는 더욱더 이상하게 보인다는 것이다. 특히 그는 아무리 해도 성城과의 연관성에서 벗어나지 못한다. 아렌트는 남들과 같아지려는 K의 욕망, 예외적이지 않은 평범한 삶을 향한 욕망이 혁명적인 것이 된다고 주장한다. 아렌트는 K와 마을 사람들의 관계에 대해 "그의 이야기, 행동은 마을 사람들에게 인권은 싸워서 얻을 만한 가치가 있고 동시에 성의 규칙이란 신성한 법이 아니기 때문에 공격받을 수 있다고 가르쳤다."(JW : 295)고 말한다. 아렌트에 따르면, 『성』은 비유대인 사회에 동화하려 한 노력이 실패로 끝났을 때 유대인이 어떻게 타인들로 하여금 그들 자신의 자유를 확장하는 일이 가로막혀 있음을 깨닫도록 하는지에 관한 이야기다. 자의식적 하층민은 전형적인 정치적 반역자가 된다.

동화同化 개념이 지닌 이러한 역설을 「유대인 문제에 관하여」에 담긴 마르크스의 방법과 비교하고, 하층민 범주에 대한 라자르의 정치화 관점에서 살펴보면, 아렌트의 카프카 독해가 유대인이 개별적으로 경험하는 동화의 문제가 어떻게 사회적 불의라는 일반적 문제로 옮겨 가는지 그 길을 제시한다는 점이 분명해진다. 마르크스와 달리 아렌트는 반유대주의 문제를 일반적인 사회 조직에 내재하는 일종의 불의의 징후로 단순히 개괄하지 않는다. 오히려 카프카를 독해하며 아렌트는 유대인의 특수한 경험이 어떻게 더 큰 사회적 모순과 제약 속에 자리 잡는지, 그리고 유대인이 어떻게 그 속에서 행위할 수 있는지에 주의를 기울인다. 다시 한 번, 스토리텔링이 이론보다는 경험에 더 깊이 관계되는 순간이다.

1944년의 에세이에서 아렌트는 하층민과 벼락부자의 범주가 새로운 전체주의적 현실로 폭발했다고 이해한다. "낡은 이데올로기는 붕괴되었다. 하층민 유대인과 벼락부자 유대인은 모두 똑같은 배를 타고 똑같은 분노의 바다에서 필사적으로 노를 젓고 있다."(JW : 296) 벼락부자의 동화 욕망과 하층민의 국외자로서의 자기 인식은 전체주의적 반유대주의의 견지에서 똑같이 의미가 없어졌다. 아렌트가 「하층민으로서의 유대인」의 말미에서 말하는 대로, "전자의 현실주의와 후자의 이상주의는 둘 다 오늘날엔 실현 불가능하다".(JW : 296) 그러나 아렌트는 지금의 대재앙을 이해하려면 하층민과 벼락부자라는 범주를 회복하고 그들에 대한 비판적 이해를 발전시켜야 한다고 말한다. 그리고 『전체주의의 기원』에서, 근대 반유대주의의 전체주의적 형태가 처음으로 고안된 19세기 말의 파리에서 목격된 벼락부자의 지위를 조사한다.

아렌트에 따르면, 당시 파리는 전前전체주의 사회의 특징인 이국적 차이에 대한 새로운 매혹이란 면에서 유럽 사회들 가운데서도 선두에 서 있었다. 발터 벤야민의 표현대로 '19세기의 수도'였던 파리가 그 세기말에 이르러서는 "정치적 의미도 사회적 광채도 없이 모든 국가의 지적 아방가르드의 손에 넘어갔다".(OT1 : 79) 1890년대의 사회적 삶과 반유대주의의 근대적 형태에 대한 생생한 기록은 파리로 모여든 예술가들과 지식인들의 저작에서 발견된다. 아렌트는 반유대주의의 이 새로운 형태가 나치 정부가 취한 전체주의의 가장 중요한 요소가 된다고 주장한다.

프루스트

『전체주의의 기원』에서 아렌트는 문학적 서사물, 특히 소설을 통해 당시 유럽 사회에서 유대인이 새롭게 획득한 지위를 이해하는 중요한 단서를 발견한다.

정치사나 경제사에서 설명하지 못하고 사건들의 표면 아래 감춰진 사회적 요소를 역사가는 결코 인식하지 못했다. 그 요소는 오직 시인과 소설가들의 더 예리하고 열정적인 힘으로만 기록되었다.(OT1 : 87)

사회적·정치적 사실에 전념하는 역사가의 눈에는 보이지 않지만, 소설가들의 작품 속에 나타나는 사회적 실존의 국면들이 존재한다고 아렌트는 주장한다. 1890년대 파리 사회에서 반유대주의가 맡은 역할을 찾아, 아렌트는 핵심적인 모더니즘 소설『잃어버린 시간을 찾아서À la recherche du temps perdu』(1913~27)의 저자인 프랑스 소설가 마르셀 프루스트Marcel Proust의 작품에 관심을 가진다. 프루스트는 프랑스의 사회적 경험 속에서 유대인이 처한 위치를 재구성하려는 아렌트의 의도에 가장 부합하는 사례이다. 그 이유는 그가 일생을 "오로지 사회 안에서만" (OT1 : 80) 보냈기 때문이기도 하고, 그가 반은 유대인이기 때문이기도 하다. 프루스트의 작품은 정체성의 급격한 변화를 겪고 있던 당시 프랑스 유대인의 사회사 연구에 기여한다.

범죄와 악인으로서의 유대인다움

이국적인 것에 대한 갈망에서 파리 상류사회는 유대인들에 대한 새로운 유형의 매혹, 즉 아렌트가 계몽주의 문화에서 발견한 합리적이고 관용적인 매혹이 아닌 훨씬 더 불온하고 불안정한 매혹을 개발했다. 그녀는 프루스트의 저술이 유대인들이 어떻게 그들의 다름에 대해 사람들이 느낀 새로운 매혹에 반응하고 적응했는지, 그리고 많은 경우에 벼락부자 유대인들이 어떻게 그들의 이국적 비정상 관념에 동의하는 척했는지 그 증거를 제공한다고 보았다. 이 예외적 유대인들이 그러한 상황에 처한 자기 자신을 발견했다는 사실은 그들의 유대인다움을 사적 문제로 만든 정치적 해방의 의도치 않은 결과였다.

> 그 결과, 그들의 사생활, 결심과 정서가 '유대인다움'의 중심이 되었다. 유대인으로 출생했다는 사실이 종교적·민족적·사회경제적 의미를 상실할수록, 유대인다움은 더욱 강박적으로 변해 갔다. 우리가 보통 육체적 약점이나 장점에 강박되듯이, 유대인은 유대인다움에 강박되었고, 우리가 악덕에 중독되듯이 그들은 유대인다움에 중독되었다.(OT1 : 84)

이 부분은 19세기 후반 파리라는 불온한 사회 공간 속으로 들어가는 아렌트의 시도가 우리를 얼마나 불편하게 할지 예상하게 한다. 아렌트는 그것이 유대인다움을 사적인 문제로 이해하는 데서 육체적 약점이나 악덕처럼 감춰진 것으로 이해하는 쪽으로 아주 살짝 이동한 것이라고 주장한다. 더 나아가 유대인다움이 일단 사적인 문제가 되고 유대인들 사이에서 일종의 '강박관념'이 되면, 그것은 유대인다움을 프루스트의 용어로 '선천적 성향'으로 생각하는 쪽으로 조금 더 나아가는 것이라고 주장한다. 유대인다움은 타고난 민족적 조건이 되었고, 오래된 고정관념이 근대의 사회 환경 속에서 재활용되었다. 유대인은 선천적으로 범죄를 저지르는 성향이 있다는 고정관념 말이다. 유대인다움을 타고난 어떤 것, 즉 민족 특성으로서, 그리고 타인들한테는 감춰져 있지만 범죄성과 밀접한 관련이 있는 내부의 어떤 것으로 보는, 유대인다움에 대한 이러한 복잡한 이해가 바로 나치 이데올로기 속으로 흘러 들어갔다.

1890년대 파리 상류사회의 반유대주의가 나치의 반유대주의 속에서 어떤 변이를 일으켰는지는 아렌트 역시 불분명하게 언급한다. 다음 장에서 보겠지만, 아렌트는 제국주의적 이데올로기와 실천이 어떻게 전체주의 운동으로 수용되었는지는 꽤 상세하고 구체적으로 설명한다. 그러나 분명히 "세계 정치의 관점에서 비교적 중요하지 않은 현상이었던 유대인 문제와 반유대주의가 …… 나치 운동의 발생에 촉매제가 되었다"(OT1 : x)는 사실에 그녀 역시 당혹스러움을 느꼈다. 아렌트가 사용하는 역사와 화학의 유비 관계에서 볼 때, 그 촉매제는 촉매작용으로 생산되거나 '결정화된' 사물의 한 부분이 아니다. 그러나 동시에 그 사물은 촉매제 없이는 결코 존재하지 못한다. 아렌트가 생각하기에 19세기 반유대주의가 직접 야기한 20세기의 정치 운동은 나치즘이 아니라 시온주의뿐이다.(OT1 : xi) 아마도 반유대주의와 나치즘의 관계를 이해하는 가장 좋은 방법, 반유대주의가 나치즘이 가능한 이데올로기적 조건을 창출했다고 말하는 것일 것이다.

아렌트는 1890년대 파리의 상류사회가 어떻게 복잡한 게임을 했는지, 그 사회에 받아들여진 특별한 유대인들은 무엇 때문에 그들의 유대인다움을 그것이 마치 악덕이라도 되는 양 숨기는 척했는지를 기술한다. 이 악덕의 공공연한 비밀은, 그것이 범죄자와 예술가처럼 부르주아 도덕에서의 탈출을 대표하는 온갖 종류의 사람들과 교제하는 데서 짜릿한 흥분을 느끼고 싶어 한 당시 사회를 자극했다는 것이다. 프루스트는 게이였고, 아렌트는 고집스럽게 모든 범죄 가운데 유대인다움과 동성애가 '성도착'을 추구하는 사회에서 등가적 탐닉 대상이 되었다고 주장한다.

두 경우에서 사회는 결코 편견의 교정으로 추동되지 않았다. 그들은 동성애자가 '범죄자'라거나 유대인이 반역자라는 사실을 의심하지 않았다. 그들은 단지 범죄와 반역에 대한 태도를 교정했을 뿐이다. …… 19세기의 가장 은밀한 질병인 끔찍한 권태와 보편적 피로가 종기처럼 곪아 터졌다.(OT1 : 81)

범죄나 악덕의 짜릿한 위험에 대한 탐닉은 단명할 수밖에 없었다. "그것은 실제의 모든 범죄자들뿐 아니라 '인종적으로' 그런 범죄를 저지르도록 미리 정해져 있는 모든 사람까지 단 한순간에 제거하겠다는 결심으로 바뀔 수 있다."(OT1 : 81) 아렌트의 저서는 20세기에 반유대주의가 걸어간 경로를 가리킨다. 처음에는 권태로운 사회에서 반역적이고 기만적이라고 여겨진 유대인과의 연합을 통해 계몽주의의 허위적 도덕성을 깨고 싶은 욕망에서 시작된 이것은, 악덕에 매혹된 사회를 정화하고 반역자와 범죄자로 규정된 사람들을 제거하자는 집단적 결정으로 변했다. 19세기 후반 부르주아 상류사회의 곪아 터진 종기는 범죄자와 반역자 제거라는 전체주의적 정책으로 청소되었다.(남성 동성애자들 역시 나치가

164

저지른 집단학살의 희생양이었다.) 아렌트는 근대의 반유대주의를 결정하는, 유대인에 대한 매혹과 혐오가 뒤섞인 복잡한 심리학에 주목한다. 그녀는 매혹과 혐오가 종종 동일한 개인에게서 거의 동시에 발견된다고 지적한다. 그리고 이 통찰에 따라 어느 정도 불온한 결론에 이른다. 예컨대, "유대인 숭배자들이 결국엔 유대인 살인자들이 된" 이유는 무엇인가?(OT1 : 86)

아렌트의 프루스트와 반유대주의 분석은 유대인의 동화同化에 나타나는 중심적 역설을 두드러지게 부각시킨다. 유대인들이 더 이상 국가에 의해 선발되거나 구별되지 않는, 즉 정치적으로 자유로워진 바로 그 순간에, 유대인의 차이와 다름에 대한 내부의 심리학적 관념이 사회생활의 가장 중요한 특질이 되었다. 유대인은 "사회가 그들에게 배당한 역할 수행"(OT1 : 86)을 요구받았다. 사회는 그들을 중세 이래로 규정해 온 방식과 본질적으로 다르지 않게 믿을 수 없고 반역하는 사람들로 규정했지만, 근대 들어 달라진 것은 유대인들이 이젠 자신들에게 배정된 그 역할을 받아들이고 실은 감출 것이 아무것도 없는데도 무엇인가를 숨기는 믿을 수 없는 사람인 척해야 한다는 것이다. 아렌트가 여기서 기술하는 사회적 행동 유형은 최근에 '동료 집단에서 받는 사회적 압력peer pressure'으로 규정되고 있다. 달리 말해서, 유대인은 사회가 그들에게 기대한 역할을 수행했다. 즉, 그들은 사회가 확고한 것으로 믿고 싶어 하는 유대인다움에 대한 고정관념에 아첨했다. 이는 자칫하면 한순간에 붕괴될 수도 있는 매우 불안정한 상황이었다.

사례 연구 7 : 아렌트와 파농

아렌트가 반유대주의의 심리와 입장을 기꺼이 다시 상상한다는 것 때문에 동시대 독자들은 불편함을 느낄 수 있다. 특히 아렌트의 상상이 유대인 박해자들의 세계관을 진지하게 취급한다는 점에서, 그리고 동시에 일부 유대인이 억압적 고정관념의 형성과 공모했음을 강조한다는 점에서, 아렌트가 반유대주의의 희생자들에게 공감하지 않는 것처럼 보일 수 있다. 그러나 다른 관점에서 보면, 아렌트는 분명 유대인의 사회적·문화적 정체성 문제에 예지적인 통찰력을 제공한다. 이런 면에서 그녀의 반유대주의 작업은 동시대의 정신분석학자이자 식민주의 비평가 겸 정치적 혁명가인 프란츠 파농Frantz Fanon(1925~61)의 작업과 비교된다.

프란츠 파농은 백인 중심 사회에서 흑인들에게 강제로 떠맡겨진 주체성을 분석했다. 비록 아렌트가 후기 에세이 『폭력의 세기』(1970)에서 파농이 『대지의 저주받은 사람들Les Damnés de la Terre』(1961)을 통해 폭력을 정치적 행동주의의 원칙으로 만들었다며 그를 비판하긴 했어도, 파농과 아렌트의 초기 저술 사이에는 어떤 일치점이 있다. 특히 그들은 정치적 행동주의에 대한 지지를 공유한다. 아렌트처럼 파농도 인종주의적 경험을 사유하고자 당시의 지배적인 철학적 유행이었던 실존주의와 현상학을 이용한다. 1951년 『전체주의의 기원』과 같은 해 프랑스에서 출판된 『검은 피부, 하얀 가면Peau noire, masques blancs』에서, 파농은 흑인이 어떻게 백인 중심의 사회에서 자발적으로 행위할 수 없는지를 보여 준다. 파농은 복잡한 심리학적 자기 분석에 착수하고, 흑인으로서 그가 어떻게 실은 백인 사회에 속하는 일련의 고정관념과 편견, 일화들을 통해 자신의 정체성을 경험하는지를 기술한다.

나는 내 몸뿐만 아니라 내 종족, 내 조상들에 대해서도 책임이 있었다. 나는 객관적 시험에 나 자신을 맡겼고, 내 인종적 특징인 흑인성을 발견했다. 그리고 나는 북, 식인 풍습, 지적 결핍, 주물 숭배, 인종적 결함, 노예선, 그리고 다른 무엇보다도 '아 참 잘 먹었다Sho' good eatin'란 말로 난타당했다.(Fanon 1991 : 112)

파농이 자신의 정체성이 어떻게 일련의 전제와 일화들로 규정되는지, 그리고 흑인의 전체 역사를 가져다 자신의 정체성을 표현할 수밖에 없도록 강요받는지를 깨닫는 방식에서, 흑인에 대한 파농의 작업은 흥미롭게도 반유대주의에 대한 아렌트의 작업과 비교된다. 둘 다 유대인/흑인 타자들이 백인 사회가 그들에게 가진 고정관념을 내면화하고 이 내면화로 인해 그 고정관념이 영속되는 방식을 탐구한다. 아렌트의 의식적 하층민 이념과 파농의 폭력적 혁명 지지를 통해 그들 모두 소외된 자아가 그 또는 그녀 자신의 정체성을 규정할 수 있는 능력의 회복을 추구하는 행동주의의 형태를 제안한다.

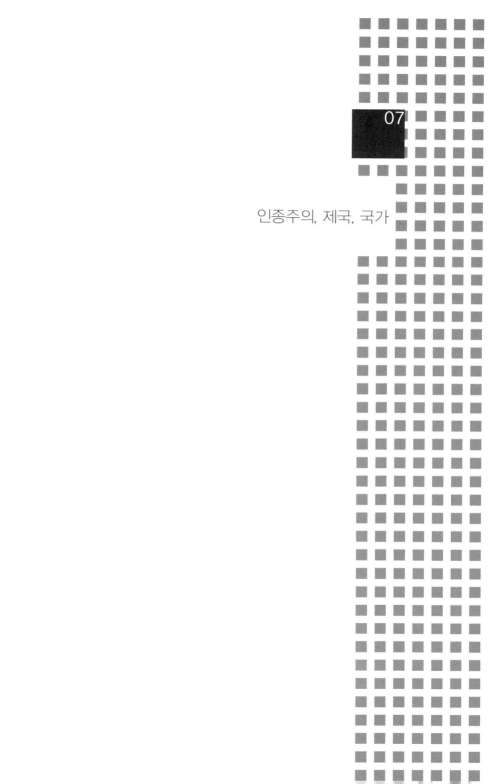

07

인종주의, 제국, 국가

Hannah Arendt

『전체주의의 기원』 제2권은 좀 더 최근에 탈식민주의적 연구의 주된 관심 주제인 인종과 민족성, 국민성, 제국 등과 같은 수많은 주제들에 대한 초기의 매우 통찰력 있는 관심을 보여 준다. 아렌트의 작업과 탈식민주의적 문학 및 문화 연구 사이의 교차점은 탈식민주의 비평가들에게 인정받고 있다. 1994년 『식민지 담론과 탈식민지 이론*Colonial Discourse and Postcolonial Theory*』의 편집자들은 『전체주의의 기원』의 "통찰과 방식"이 "미래의 식민지 담론의 이론화"(Williams and Chrisman 1994 : 7)에 중요한 원천을 제공했다고 평했다. 그러나 프란츠 파농 같은 아렌트와 동시대의 다른 인종 및 민족성 이론가들의 작업이 탈식민주의 연구에 중요한 영향을 준 반면, 아렌트의 유럽 제국주의 연구는 비록 거기에 이론의 여지가 있다 해도 여전히 크게 평가받지 못하는 상태이다. 하지만 그렇다고 해도 그녀의 책은 제국주의의 아프리카 개척이 지닌 정치적 의미와 특히 그것의 문학적 재현에 관심을 가진 사람들에게는 없어서는 안 될 연구이다.

『전체주의의 기원』 '제국주의' 편에서 아렌트는 유럽의 제국주의 경험, 특히 19세기 후반 유럽의 제국주의가 아프리카에서 자행한 개척이 하나의 제국으로서 유럽을 지배하려 한 후기 전체주의 체제의 결정적 요소를 형성했다고 보고 그 형성 방식을 분석한다. 아렌트는 제국주의가 두 가지 결정적 방식, 즉 완전히 새로운 형태의 인종주의 이데올로기를 보급함으로써, 그리고 유럽에서 국민국가 체계의 붕괴에 기여함으로써 전체주의의 형성에 공헌했다고 말한다.

제국주의적 인종주의

『전체주의의 기원』제1권에서 아렌트가 시도한 반유대주의 분석은 반유대주의가 포착하기 힘든 미묘하고 복잡한 사회적 현상이었음을 보여 준다. 그런데 유럽의 제국주의를 연구하면서 만난 인종적 차이는 다시 그녀의 분석에서 매우 중요한 요소가 된다. 그녀가 유럽의 제국주의에서 발견한 인종주의는 유럽 사회에서 진행 중인 반유대주의보다 훨씬 더 노골적이고 심리학적으로 덜 미묘하다. 아렌트의 인종주의 및 제국주의 분석은 이전에 반유대주의자의 입장을 상상하려 했던 것처럼(6장 참조) 인종주의자의 입장을 재구성하려 했다는 점에서 독자들을 다소 불편하게 만든다. 아렌트는 유럽 권력이 아프리카 개척에서 나온 새로운 인종주의 이데올로기를 제국주의자들이 아프리카 원주민들과 만나면서 느낀 '몰이해'와 '공포'의 결과라고 생각한다.

인종은 유럽인이나 문명인이 전혀 이해할 수 없었던 사람들, 그리고 그들의 인간성이 이민자들에게 너무나 두렵고 치욕적이어서 같은 인간에 속한다고 생각하고 싶지 않았던 사람들을 설명하는 임시방편이었다. 인종은 아프리카, 야만인들이 거주하고 그들로 넘쳐흐르는 전체 대륙의 압도적 기괴함에 대한 보어인들(남아프리카의 네덜란드 이주민의 자손)의 대답이었다. 그것은 "청천벽력"처럼 그들을 사로잡아 눈뜨게 한 광기의 설명이었다. "모든 짐승을 절멸하라."(OT2 : 65)

최근의 많은 아렌트 비평가들은 이 인용문 같은 부분들에서 제국주의자나 인종주의자의 입장에서 상상하려 한 아렌트의 노력에서 느낀 불편한 느낌을 기록했다.(Duarte 2007) 이러한 부분들의 어조는 거의 아렌트가 식민 시대의 잔인성을 변명하고, '야만인들'과 마주친 '겁먹고 모욕당한' 문명화된 유럽인들에게 공감하는 것처럼 보인다. 원주민들에 대한 잔인한 반응은 유럽의 식민주의와 제국주의에서 전혀 새로운 것이 아니다. 1백 년 이상, 예컨대 아프리카 개척이 활발하게 진행 중이던 때, 그리고 아프리카 서부 연안에서 노예들을 포획하던 기간 동안, 아메리카 원주민들과 오스트레일리아 토착민들에 대한 대량학살이 진행되었다.

그러나 아렌트는 아프리카 남부의 백인 이주자들인 보어인들의 경험뿐만 아니라 아프리카에서 제국주의 권력의 경험과 관련해서 수많은 것들이 새로웠다고 주장한다. 그 첫 번째는 대량학살의 규모였다. 아렌트는 벨기에의 지배를 받던 2천만~4천만 명의 콩고 인구가 제국주의 기간에 800만 명으로 감소했다고 주장한다. 둘째, 완전히 새로운 인종주의 이데올로기가 얼핏 거칠고 인구 과잉으로 보인 땅의 '광기'에 대처하기 위해 확립되었다는 점이다. 본질적으로 이 인종주의 이데올로기는 인구 과잉의 문제에 대처하는 유일한 방법이 대량학살 정책이었음을 함축한다. 인종주의 이데올로기는 "모든 짐승을 절멸하"는 면허증을 제공했다. 셋째, 제국주의 경험에서 나온 아프리카의 경우에는 새롭고 나중에는 전체주의 체제를 가능하게 한 것이 완전히 새로운 형태의 정치 질서를 탄생시켰다.

아렌트의 인종주의?

이 새로운 형태의 인종주의를 설명하는 아렌트의 불온한 어조, 즉 인종주의자들에 대한 외견상의 공감은 이야기 또는 상상적 동일시의 일부로 이해해야 한다. 아렌트는 1890년 파리의 반유대주의를 용서하지 않았듯이, 아프리카 원주민들에게 제국주의자들이 보인 반응, 즉 원주민 대량학살도 봐주지 않았다. 그녀는 제국주의자의 입장을 재구성한다. 그것이 근대 인종주의의 의미를 발견하고, 더 나아가 그것이 어떻게 나치 이데올로기의 중요한 부분이 될 수 있었는지를 이해하는 가장 효과적인 방법이기 때문이다. 아프리카를 광기와 야만의 땅으로 묘사하는 것은 아프리카의 문학적 재현, 즉 아프리카가 그곳에 처음 도착한 사람들에게 어떻게 보였을지를 상상하는 시도로 이해해야 한다. 아렌트는 아프리카에 대한 제국주의의 또 다른 문학적 재현을 이용하여 논의를 전개하기도 한다. 예를 들어 아렌트가 기술한 "모든 짐승을 절멸하라"는 조셉 콘래드Joseph Conrad의 소설 『어둠의 심연Heart of Darkness』(1902)을 인용한 것이다.

그러나 아렌트 저술이 지닌 문학성을 언급한다고 해서 그녀에게 씌워진 올가미가 풀리는 것은 아니다. '야만인savage'이란 단어의 사용, 게다가 잔인함을 겪은 '야만인'의 관점이 그녀의 저술 속에서 상상되지 못한다(반면 대량학살을 초래한 이민자 또는 보어인들의 관점은 분명히 상상된다.)는 비평가들의 함축적 가정에는 어떤 냉담함이 존재한다. 탈식민주의 비평가 에드워드 사이드Edward Said(1935~2003)는 『문화와 제국주의 Culture and Imperialism』에서 콘래드를 이런 측면에서 아프리카를 설명하는 아렌트의 선구자로 이해했다.

콘래드는 그레이엄 그린Graham Greene과는 다른, 소설가들의 작품에서 발견되는 제3세계에 대한 서구적 시각의 선구자이다. 한나 아렌트 같은 제국주의 이론가들, V. S. 네이폴Naipaul과 로버트 스톤Robert Stone 등 …… 그들의 특성은 비유럽 세계를 분석과 판단의 대상으로 하거나 유럽 및 북미 청중의 이국적 취향을 만족시키는 대상으로 삼는다는 데 있다.(Said 1993 : xix)

사이드는 아렌트의 이론을 비유럽 세계를 재현하는 소설가들의 작품과 나란히 범주화한다. 그는 제3세계 분석과 판단이 종종 소설 작가들과 이론가들의 작업 속에서 제3세계를 이국풍으로 만드는 것과 결탁한다고 주장한다. 아렌트의 무의식적 인종주의 또는 콘래드의 무의식적 인종주의 문제가 지속적 논쟁거리가 될 수도 있지만, 문학 텍스트들(아렌트의 저작들도 이 범주에 포함된다.) 자체가 그것이 연루된 인종주의 이데올로기의 중요한 국면을 드러낼 수 있다고 보는 것이 합리적인 판단이다.

폭민暴民
사실, 아렌트는 새로운 제국주의적 인종주의 이데올로기의 도구가 된 사람들을 비난한다. "인종이 유럽의 토착 이데올로기이든 아니면 충격적 경험에 대한 임시 설명이든 상관없이, 그것은 항상 서구 문명에서 가장 악질적 요소들을 매료시켰다."(OT2 : 66) 이것은 특히 아프리카의 경우에 분명한 진실이었다. 아프리카에서 황금, 다이아몬드, 상아 같은 사치품 무역으로 거대한 부를 쌓으려고 질 나쁜 '행운 사냥꾼'들이 유럽에서 아프리카로 이주했고, 이 상품들을 좇는 과정에서 원주민들에게 잔인한 짓을 했다.

아렌트는 이 '행운 사냥꾼들'이 전체주의를 향한 길로 한 걸음 내딛었다고 주장한다. 그들은 유럽에서 안정되고 질서 잡힌 사회의 상실로 생겨난 새로운 유형의 사회적 개인들의 실례였다. 그들은 자기 사회에서 명확하고 의미 있는 위치를 상실한 사람들로서, 그들에게 제국주의는 새로운 모험과 행운의 가능성을 열어 주었다.

> 행운 사냥꾼들은 문명사회 외부에 존재하는 것이 아니라 그와 반대로 매우 분명하게 이 사회의 부산물, 즉 자본주의 체계의 불가피한 찌꺼기이며, 심지어는 끊임없이 잉여 인력과 잉여 자본을 생산하는 경제의 대표자들이기도 했다.(OT2 : 69)

아렌트는 이 새로운 유형의 뒤틀린 인간성을 '폭민the mob'이라 지칭하는데, 이 용어는 세계 속에서 의미 있는 위치를 상실한 사람들, 하나의 계급처럼 조직된 사회적 신체의 회원 자격을 상실한 사람들을 가리킨다. 아렌트에게 폭민은 고도로 규정되고 조직된 사회적 정체성을 지닌 노동계급과 동의어가 아니다. 그래서 폭민은 나치의 매혹적 수사학에 저항적이라고 아렌트는 주장한다. 폭민은 오히려 모든 사회적 계급의 폐물, '뿌리 없는' 불안정하고 지리멸렬한 인간 신체였다. 그녀는 폭민을 과잉 재화와 과잉 쓰레기를 생산함으로써 작동하는 자본주의적 상품시장의 부산물로 이해했다.(4장 참조) 제국의 해외 모험은 폭민을 다른 세계로 내보냄으로써 유럽 사회가 이 새로운 유형의 사회적 존재들이 일으키는 문제를 일시적으로 처리할 수 있도록 했다. 그러나 이 새로운 제국의 모험가들은 나중에 전체주의 운동에 참가하는, 아렌트의 명명대로 '대중'의 형태로 이들 사회에 되돌아와 문제를 일으켰다.(OT3 : 13)(8장 참조)

제국의 모험가들 : 커츠

아렌트가 제시한 이 새로운 유형의 인간성의 사례가 콘래드의 『어둠의 심연』에 등장하는, 벨기에 지배 하의 콩고 깊숙한 곳의 상아 교역소에서 일하는 잔인하고 초도덕적인 지휘관 커츠이다.

> 그들은 사회적으로 허용된 가치를 지닌 세계에서 추방되어 자기 자신에게 내맡겨졌고, 그들이 모국으로 돌아갈 수 있게 된다면 커츠 같은 위험인물이 될 약간의 재능 외에는 의지할 것이 없었다.(OT2 : 69)

아렌트가 정말로 커츠 같은 제국의 모험가들이 유럽으로 되돌아와 나치 운동을 시작했다고 주장하는 것은 아니다. 다만 커츠로 대표되는 새로운 유형의 인간성이 나치 운동 초기에 가장 중요한 지지자가 되었다는 것이다. 이러한 생각이 아렌트만의 것은 아니다. 영국의 정치가 크로머 경Lord Cromer(1841~1917)은 이를 '부메랑 효과'로 묘사한 바 있다. 아렌트는 이 '부메랑 효과' 개념을 『폭력의 세기』에서 충분히 기술한다. "먼 나라에서 이루어지는 폭력에 의한 지배는 마지막 '주인종subject race' 이 영국인 자신들이 될 것이라는 …… 영국 정부에 악영향을 미치는 것으로 끝날 것이다."(CR : 153) 아렌트는 그러한 인간들이 "다가올 살인자 유형에 적합한 매너manners 규약"(OT2 : 69)을 배워 왔다고 주장한다. 콘래드는 커츠를 "속이 텅 빈"(OT2 : 69) 인물로 묘사한다. 아렌트는 커츠가 사회적 정체성을 상실하고 아프리카에서 광기라고 말해도 좋을 만큼 폭력적이고 자기중심적이며 교활해진 폭민을 대표한다고 보았다. 제국의 모험가들의 텅 빈 영혼에서 싹틀 수 있는 유일한 재능이란 "과격한 정당의 찬란한 지도자"가 될 혹세무민의 자질뿐이다. 커츠는 콘래드 소설에서 카리스마적 매력을 발휘한다. 그는 처음에는 "매우 뛰어난 사람"(Conrad 2000 : 37)으로 묘사된다. 커츠는 자신이 극단적 폭력으로 다스리는 원주민들에게 일종의 신적 인물이 되어 갔다. 아렌트는 커츠에게서 카리스마적 전체주의 지도자 유형을 발견한다.

관료정치

제국주의의 아프리카 개척에서 나온 전체주의적 지배의 두 번째 중요한 요소는 관료정치이다. 아렌트는 아프리카에서 제국주의적 모험이 진행되는 동안 영국이 관료정치가 민주적으로 선출된 정부를 대신할 수 있다는 생각을 "발견했다"고 주장한다. 영제국은 아메리카, 오스트레일리아 또는 극동 지역에서 있었던 이전의 식민주의적 제국주의적 활동에

178

서는 볼 수 없었던 완전히 새로운 유형의 정부를 아프리카에서 개척했다. 아프리카에서 영국 영토의 지배는 선출되지 않은 제국의 행정관들에게 전적으로 맡겨졌다. 아렌트에 따르면, 그 같은 정부 형태는 대영제국의 의회 같은 민주적 국가조직의 지배를 받지 않았다. 그래서 영국의 아프리카 지배는 민주적 국가조직의 영향력과 비판에서, 그리고 공론의 중심부와의 지리적 거리로 인해 공적 여론의 영향력과 비판에서 벗어날 수 있었다. 관료정치의 힘은 새로운 제국주의적 피지배자들의 정치적 지위를 불확실한 상태로 남겨 둠으로써 작동했다. 아프리카에서 지배당하는 주민들은 완전한 영국 시민의 지위를 갖지 못했고, 그래서 영국 법의 보호를 받지 못했다. 달리 말하자면, 제국주의자들은 아프리카의 피지배 주민들의 정치적 지위를 불확실한 상태에 남겨 둠으로써 그들을 조종하고 지배하기가 쉽다는 것을 알게 되었다.

아렌트는 삶의 관료화와 행정이 인간의 자유를 제한하는 방법을 고찰한 사회학자 막스 베버의 통찰, 그리고 동일한 현상을 다른 방식으로 고찰한 프란츠 카프카의 문학적 저술에 담긴 통찰을 받아들인다. 아렌트에 따르면, 정부 자체를 관료 체제로 만든다는 제국주의자들의 발상은 나중에 전체주의적 운동을 태동시키는 핵심적 발견이 되었다. 정치적인 면에서 제국주의자들이 부지불식간에 발견한 것은, 어떤 사람 혹은 집단이 국가의 영향력 하에 있으면서도 그 국가의 완전한 구성원이 되지 못한다면, 국가가 그들에게 바라는 것이 무엇이든 그것을 중단시킬 세력이 존재하지 않는다는 것이다. 우울하게도 이러한 통찰은 아렌트의 저서가 출판된 이후 유고슬라비아나 르완다 같은 곳에서, 그리고 최근에는 케냐와 수단에서 난민과 소수민족들이 겪는 참상에서 다시 한 번

증명되었다.

아렌트에 따르면, 나치는 효과를 극대화하고자 "단지 한 나라 국민들만이 시민이 될 수 있고, 동일한 민족적 기원을 가진 사람들만이 법 제도의 완벽한 보호를 누릴 수 있다"(OT2 : 155)는 영제국의 발견을 활용했다. 아렌트는 『전체주의의 기원』 제3권에서 유대인 집단학살이 유대인에게서 독일 국민으로서의 완전한 지위를 제거하는 것으로 시작되었다고 주장한다. 이것이 유대인 절멸로 나아가는 첫 번째, 그리고 어떤 면에서는 가장 중요한 행보였다.

나중에 전체주의의 중요한 요소가 된 관료정치의 또 다른 국면은, 본질상 관료주의는 그 정부의 목적을 결정하는 어떤 정치적 이념도, 지도적 원칙도 없다는 것이다. 이런 점에서 관료정치는 보통 성문헌법으로 정부 목적을 규정하는 민주적 선출 정부와 다르다. 그러한 지도적 이념이 없기 때문에 관료정치는 팽창을 위한 권력의 끝없는 팽창이 되었다.

> 관료정치는, (아프리카의) 모든 지역이 또 다른 개입을 위한 디딤돌로 간주되고 모든 사람이 또 다른 정복 수단으로 간주되는 팽창이라는 거대한 게임을 위한 조직이었다.(OT2 : 66)

아렌트는 "헌법적 정부에서는 오직 법을 집행하기만 하는 권력이 관료정치 국가에서는 모든 합법화의 직접적 원천이 된다"(OT2 : 123)고 주장한다. 아렌트에 따르면, 합법적 폭력 행위를 할 수 있는 특정 유형의 권력이 민주국가에도 잠재해 있긴 하지만, 그것은 법의 집행이라는 목적에 봉사한다. 이 잠재적 권력은 경찰과 사법부 같은 국가조직에서 발견되는데, 그들은 법을 위반한 사람들을 체포하고 재판하고 처벌할 수 있는 권한을 부여받는다. 아렌트는 제국 영토의 관료적 행정 하에서는 이 잠재적 권력이 모든 통치 행위의 중심이 되었다고 주장한다. 권력은 "그것이 봉사해야 할 정치 공동체와 유리될 때 정치적 행위의 본질이 되고 정치적 사유의 중심이 된다."(OT2 : 18) 달리 말해서, 국가가 법을 위반한 사람들에게 폭력을 행할 수 있는 권한을 행사하는 방식을 감시할 시민들의 민주적 공론이 없기 때문에 아프리카의 관료적 행정관들은 그들이 권력과 폭력에 의한 지배에 의지할 수 있도록 자유롭게 방치되었다. 아렌트는 『폭력의 세기』에서 "공적 삶의 관료화가 커지면 커질수록 폭력의 매력 또한 커질 것"(CR : 178)이라고 말한다.

관료제적 지배의 이 두 국면, 즉 무한한 팽창과 폭력적 지배는 권력을 쥔 전체주의 운동을 견인했다. 특히 책임감 없는 절대적 권력정치는 전형적 나치 관료인 아돌프 아이히만에게서 가장 잘 표현되었다.(6장 참조) 이상하게도 아렌트는 영국은 결코 "행정과 대량학살의 결합"(OT2 : 66)을 꿈꿔 본 적이 없다면서, 아프리카에서 프랑스, 독일, 벨기에 등이 저지른 행위와 비교하여 영제국에 대해서는 다소 관대하다. 물론 전체주의적 관료정치는 본질적으로 영국이 아프리카를 지배하면서 발견한 지배 방식이 극단화된 것이라고 보았지만 말이다.

아렌트는 어떤 면에서 전체주의와 반유대주의의 관계보다는 제국주의와 전체주의의 관계에 대해 더 명료하다. 아렌트의 설명에 따르면, 19세기 말 파리의 반유대주의는 유대인에 대한 매혹과 혐오의 전체주의적 심리학뿐만 아니라 나치당의 공식적 반유대주의 이데올로기로 나아가는 무정형의 길로 흘러들었다. 커츠라는 인물 연구를 통해 아렌트는 히틀러의 인격 청사진이 제국의 아프리카에서 이루어진 잔인한 무법성과 권력정치에서 형성되었음을 깨닫는 한편, 이러한 환경에서 전개된 인종 이데올로기와 관료정치에 의한 지배가 전체주의 지배 현실, 특히 '최종 해결'을 이끌어 낸 구체적인 역사적 형판形板을 제공했다고 본다. 아프리카의 식민 행정관에게는 무한한 가능성이 있었는데, 그의 권력은 전통적으로 정치 지도자의 권력을 감시해 온 국가의 정치제도로 통제되지 않았다.

아렌트는 아프리카에 대한 제국주의의 잔혹 행위와 집단수용소의 지배를 비슷한 관점에서 묘사한다. 이 둘은 모든 법과 정치 현실의 상실로 초래된 잔혹의 무한한 가능성이 창조한 낯설고 초현실적이며 몽롱한 환상적인 세계였다. 제국의 아프리카 모험에 대해 기술하면서, 아렌트는 "결국 유럽에서는 사회적 윤리 가치의 지연효과 때문에 수십 년 걸려 이루어진 일이 식민지적 모험의 환영 세계에서는 전기 합선처럼 갑작스럽게 폭발했다"(OT2 : 70)고 지적한다. 유럽에서 국민국가가 최종적으로 붕괴되면서 『어둠의 심연』이 그린 잔인하고 환영적인 세계는 나치의 집단수용소에서 그 모습을 다시 드러냈다.

사례 연구 8 : 아렌트와 W. G. 세발드

유럽 국민국가의 쇠퇴에 대한 아렌트의 설명을 좀 더 살펴보기 전에, 제국의 아프리카 개척과 유럽에서 나치의 전체주의적 지배를 연관시키는 아렌트의 발상이 완전히 공상은 아닌지 묻는 것도 가치 있는 일이리라. 사실 두 현상은 20세기 역사가들이 종종 관련짓는 것만큼 서로 연관되어 있지 않다. 이것은 그 역사적 지식이 상이한, 역사적 사건들을 연구하는 전문화된 학문의 이해에 따라 분류되는 방식과 관련이 있을 것이다. 그러한 전문화는 종종 그 사건들 사이에 있을 수 있는 연관성을 놓친다. 아렌트는 이러한 연관성을 사유할 수 있는 중요한 대안적 원천으로 문학 텍스트들을 사용한다.

W. G. 세발드Sebald의 소설 『아우스테를리츠Austerlitz』(2001)는 모든 종류의 것들에 대한 책이다. 건축, 기억, 여행, 지식의 목적과 서로 다른 보는 방식 등이 이 책의 화제로 등장한다. 그러나 『아우스테를리츠』는 무엇보다도 우리 문화가 홀로코스트 같은 공포스럽고 외상적이며 거의 이해 불가능한 사건을 기억하고 증언하는 데서 겪는 어려움을 다룬 작품이다. 세발드는 자신의 근원을 찾는 한 남자의 이야기로 이 문제에 접근한다. 소설은 벨기에의 안트베르펜 철도역의 대합실에서 시작된다. 화자는 그를 둘러싼 빌딩의 건축적 사치에 주목하는데, 거기에는 "플랑드르 하늘을 배경으로 홀로 서 있는, 아프리카 대륙의 동물들과 원주민들 세계에 대한 기념물로서 한 세기 동안이나 역 정면에서 왼쪽의 작은 탑 꼭대기 단봉낙타 위에 앉아 있는 흑인 소년 동상"(Sebald 2001 : 4-5)이 포함되어 있다. 이러한 외로운 이미지가 보고되고 얼마 지나지 않아 서술자는 건축학도인 아우스테를리츠를 만난다. 아우스테를리츠는 그에게 그 기차역이 19세기 말에 세워진 때를 묘사하며, 그 역이 왜 그토록 사치스러운 양식으로 건축되었는지를 설명한다.

(그때는) 세계지도에서는 거의 보이지도 않는 황회색의 아주 작은 땅 벨기에가 식민지 사업으로 아프리카 대륙에 대한 영향권을 확장하던 때이고, 엄

청난 규모의 거래가 브뤼셀의 자본 시장과 원료 거래소에서 이루어지던 때이며, 무한한 낙관론으로 가득 차고 자기 나라를 믿은 벨기에 시민들이 …… 이제 막 막대한 새로운 경제적 힘을 가지려 하던 때였다.(Sebald 2001 : 9)

주로 유럽에 남은 나치 지배의 유산과 기억에 몰두하는 세발드의 소설이, 놀랍게도 아프리카에서 벨기에가 벌인 제국주의적 모험의 기억과 이 모험이 벨기에 시민들에게 가져온 환상적 부를 간직한 빌딩으로 시작되고 있는 것이다. 아우스테를리츠는 안트베르펜 철도역의 웅장함이 벨기에의 식민 활동 기간에 대한 거의 알려지지 않은 보고를 제공한다고 말한다. 이런 방식으로 홀로코스트에 관한 책을 시작한다는 점에서 세발드는 아렌트처럼 제국주의와 전체주의적 지배의 역사들 사이의 연관성을 인지했다고 볼 수 있다.

국민국가의 쇠퇴

아렌트의 작업 전반에 걸친 핵심 논의는 복수성이라는 인간 조건, 공통적으로 공유한 세계의 소유가 매우 취약한 상태에 있다는 것이다. 이 공통세계는 그 구성원들이 그것의 유지를 선택하지 않으면 쉽게 파괴될 수 있다. 아렌트는 상품문화와 아프리카 및 아시아 개척에 기반한 부르주아사회가 이 공통세계를 파괴해 왔다고 생각한다. 콘래드의 커츠 씨로 구현된, 아프리카에서 잔인한 제국의 모험가가 된 폭민의 일원은 모든 정치적 구속에서 해방되고, 법의 지배로 통제되지 않는 끝없는 무역 팽창과 이익을 추구할 수 있는 면허를 가진 유형의 인간이다. 아프리카에서 일어난 일은 전체주의 정권 하의 유럽에서 반복되었다. 그러나 이러한 일이 발생하려면 그전에 프랑스혁명에서 제 원칙을 택한 부르주아의 국가 관념이 최종적으로 붕괴되어야 했다. 아렌트에 따르면, 이 일은 제1차 세계대전이 끝나고 몇 년 후에 일어난다.

제국주의와 근대의 반유대주의는 모두 국가의 법 외부에 존재하는 상황, 그것이 파리의 살롱에 있든 아니면 아프리카 평원에 있든 그 상황이 항상 동료 인간을 지배하고 잔혹 행위를 범할 수 있는 인간의 능력을 보여 준다. 아렌트는 이것을 장 자크 루소가 주장한 대로 인간이 '자유로운 존재로 태어난다'는, 프랑스혁명의 원칙에 명시되어 있는 자연권 관념이 근대성을 경험하며 거짓말로 드러났다는 주장의 증거로 채택한다.(1장 참조) 태어난 순간부터 인간에 속하는 천부의 인권 같은 것은 존재하지 않는다. 인간이 법과 공적으로 설명 가능한 제도 외부에 놓였을 때, 인간이 서로 저지를 수 있는 잔혹성은, 자유와 존중이 인간의 노력으로 만들어진 공적 영역에서만 보장된다는 것을 보여 준다. 아렌트는 일종의 '파리 대왕Lord of the Flies' 논쟁을 제공하는데, 이에 따르면 인간은 사회 관습과 법의 구속에서 해방되면 악을 행할 수 있는 자연적 능력을 보여 준다. 인권은 "양도할 수 없는 것으로 추정되지만, 주권국가의 시민이 아닌 사람들이 나타날 때마다 …… 그것은 강요할 수 없는 것으로 입증된다."(OT2 : 173)

인권의 종말

아렌트는 근대 세계에서 정치적 권력과 책임은 국민국가 제도에서 나온다고 주장한다. 국민국가란 헌법에 따라 통치되고 스스로 공통의 국민적 정체성을 가지고 있다고 인식하는 공동체가 거주하는, 경계가 명확하게 한정된 영토로서, 그 구성원들은 "영구불변의 인권을 구체적 법의 형태로 구현하고 상세히 설명할 것"(OT2 : 173)을 요구하는 시민권으로 보호받는다. 그런데 제국주의의 팽창 기획이 제국의 정치제도에 의문을 제기함으로써 이 같은 국민국가의 정의는 한계점에 이르렀다. 19세기 후반에 일어난 제국의 모험들은 새로운 주민과 영토가 국민국가에 통합되어야 하는지 아니면 '보호국'으로 지배되어야 하는지와 같은 매우 중요한 헌법적 쟁점을 제기했다. 이런 쟁점은 영토의 경계가 그어지고 공통 국민이 거주하는 정치적 실체로서의 국민국가 개념, 곧 국민국가의 전통적 토대에 도전했다. 더 근본적으로는, 제국주의적 팽창이 국민국가의 설립 근거인 동의의 원칙을 한계점까지 밀어냈다. 이 원칙에 따르면, 한 국가의 주민들은 그들 정부와 사회적 계약을 맺은 것으로 이해된다. 그 계약에 따라 그들은 법을 지키는 시민으로서 정부의 지배를 받는 것에 동의하고, 그 대신에 정부는 그들의 개인적 자유를 보장하고 사적 재산을 보호하는 것에 동의한다. 그러나 새로운 제국의 주민들은 거의 지배받는 것을 '선택'하지 않았다.

아렌트는 제1차 세계대전 이후 유럽에서 제국주의가 지배한 아프리카에서 일어난 것과 동일한 상황이 어떻게 나타났는지를 기술한다. 전쟁 이후 유럽 전역의 수많은 주민들은 체코슬로바키아, 헝가리, 유고슬라비아 등 새로 형성된 국민국가들로 인한 불편한 상황을 견뎌야 했다. 이 국가들은 유럽 대륙의 권력정치를 지배하다가 전쟁에서 패한 오스만 제국, 게르만 제국, 오스트리아-헝가리 제국이 붕괴되면서 형성되었다. 새로운 국가들은 민족적으로 동종의 실체를 의도했으나 불가피하게 유럽의 문화적 다양성에 따라 많은 국가들이 소수민족을 주민으로 포함하게 되었다. 아렌트는 이 소수민족 주민을 19세기 제국주의자들에 의해 합병된 아프리카와 아시아 주민들과 비슷하게 바라본다. 두 유형의 주민은 권리상 국민국가의 보호를 받아야 하지만, 실제로는 무자비하게 버려졌다. 그들 이전에 영국, 프랑스, 독일, 이탈리아, 벨기에 제국의 피지배자들처럼, 그리고 21세기의 난민들과 추방된 사람들처럼 이 당시 유럽의 소수민족은 그들의 주인 노릇을 한 정치 공동체에서 매우 위태롭고 불확실한 위치에 노출되어 있었다. 그들의 안전은 국제법에 따라 보장된다고 추정되었지만, 실제로 이 개념은 이빨 빠진 사자 같은 것이 되었다.

'권리를 가질 권리'

아렌트는 제1차 세계대전으로 형성된 소수민족 주민들의 경험은 지금까지 국민국가가 포함했던 권리들의 숨겨진 전제 조건을 드러냈다. 그것은, 국민국가가 개인들에게 '자연적으로' 부여된 권리들을 보호하고 보장하는 데 기여한다기보다는 오히려 국민국가 그 자체가 개인들에게 권리들을 가질 권리를 부여한다는 것이다. 이 권리들은 국가의 과업이지만 진정한 정치 공동체의 존재로써만 보장된다. 이것은 국가의 비판적 공론이 외면할 때에는 국가가 그 경계 내에 살고 있는 사람들의 권리를 박탈할 수도 있음을 의미한다.

유대인들이 왜 그토록 순종적으로 죽음의 가스실로 걸어 들어갔는지를 묻는 것은, 근본적으로 나치가 인권 개념의 애매성을 악용하여 저항을 무력화시킨 방식을 잘못 생각하는 것이다. 아렌트의 주장에 따르면, 나치는 유대인에게서 합법적 인간성을 제거하고 그들의 집과 재산, 그리고 세계 내 자리를 빼앗는 것이 자신의 소멸에 저항할지도 모를 도덕적 인간을 저항 없이 가스실로 몰아넣는 것보다 더 쉬운 일이라는 걸 알았다.

아렌트의 논의는 헌법이 시민의 도덕적 인간 정체성을 보장하는 데 얼마나 중요한지, 동시에 근대 세계에서 이 정체성이 얼마나 쉽게 박탈되어 왔는지를 강조한다. 슬픈 진실은 "인간이란 타인들이 자신을 동료 인간으로 취급하도록 만드는 바로 그 특질을 상실한 존재에 불과하다는 점이다."(OT2 : 180) 아렌트는 인간이 어떻게 도살장의 가축 신세로 환원될 수 있는지를 묻는 질문에 답하는 것이, 이 운명을 피한 공화국 사람들이 어떻게 동료 시민들에게 그와 같은 일이 벌어지도록 할 수 있었는지를 묻는 질문에 대답하는 것보다 더 쉽다고 말한다. 권리는, 그것이 시민권이든 아니면 소위 '인권'이든 간에 오직 진정한 정치 공동체에 의해 구성되었을 때만 실제로 존재할 수 있다.

반유대주의 – 제국주의 – 전체주의를 관통하는 공통특질

『전체주의의 기원』을 읽을 때에는 아렌트 자신의 인생 이야기가 이 책에서 논의하는 종류의 사회 경험으로 결정되었음을 기억해야 한다. 특히 아렌트가 독일계 유대인으로서 겪은 초기 삶은 양차 세계대전 사이에 유럽에서 전통적 사회조직 형태가 붕괴되면서 결정되었다. 이 시기에 옛 유럽 제국이 국민국가들로 분열되면서 새로운 종족 정치가 만들어졌다. 아렌트가 자란 동유럽에서 폭발한 종족 국가주의와 민족적 갈등은 유고슬라비아(아렌트가 저서에서 논의한 시기로 거슬러 올라간다.)와 1990년대 르완다의 민족 갈등, 그리고 좀 더 최근에는 이라크와 다르푸르에서 일어난 종파적·인종적 폭력에서 보듯 지금은 너무 낯익은 우리 세계의 특징이 되었다. 『전체주의의 기원』에서 아렌트의 정치적·역사적 글쓰기는 또한 부분적으로 자전적이기도 하다.

아렌트의 문학 텍스트 읽기는 근대의 반유대주의의 형성을 고찰하고자 프루스트를 이용한 데서 볼 수 있듯이(6장 참조) 전체주의 요소를 분석하는 데 매우 중요한 부분이다. '제국주의' 편에서 아렌트는 조셉 콘래드의 소설 『어둠의 심연』을, 끔찍한 인종 이데올로기가 어떻게 유럽 제국 권력의 아프리카 개척 과정에서 형성되었는지에 대한 탐구로 읽는다. 이 인종 이데올로기는 그것이 특정 인종 집단의 대량학살을 정당화하기 때문에 새롭다. 아렌트는 이 인종 이데올로기가 나중에 나치에 의해 전유되었고, 결과적으로 콘래드의 텍스트 같은 문학 텍스트들이 전체주의적 인종주의의 기원을 고찰할 수 있는 중요한 원천을 제공한다고 주장한다. 또한 제국주의가 나치에 의해 전유될 수 있었던 새로운 유형의 정치 경험과 지배 형태, 특히 관료정치에 의한 지배 경험을 제공했다고 주장한다. 이러한 제국주의 및 토착의 반유대주의 경험들은 부르주아의 국민국가 이념의 실패에서 발생한 전체주의 운동 속으로 융합되었다.

08

전체주의

Hannah Arendt

『전체주의의 기원』 제3권은 소련과 독일 전체주의 운동의 기원, 이데올로기와 실천 등에 관심을 보낸다. 이 책에서 아렌트는 그 연구 경력에서 가장 강력하고 독창적이며 불온한 글쓰기를 보여 준다. 처음 두 권과 마찬가지로 이 책은 본질적으로 전체주의를 이해하려는 실천이다. 아렌트는 이 책의 1966년판 서문에서 "무슨 일이 일어났는가? 왜 일어났는가? 어떻게 일어날 수 있었는가?"(OT3 : ⅵ) 묻는다.

아렌트의 전체주의 연구는 단지 히틀러에서 시작되어 그의 죽음으로 끝난 현상의 역사적 개관이 아니다. 『전체주의의 기원』 제3권에서 아렌트는 과거 시제와 현재 시제로 작업한다. 과거 시제로는 나치와 소련 전체주의가 어떻게 가능했는지를 말하고, 현재 시제로는 전체주의가 여전히 근대 세계의 문제로 남아 있음(아렌트의 책이 처음 출판될 당시 스탈린이 여전히 소련을 지배하고 있었기 때문은 아니다.)을 제시한다. 아렌트에 따르면, 전체주의는 "삶의 각 영역 그리고 모든 영역에서 개개인에 대한 영속적 지배"(OT3 : 24)를 시도해 왔다. 더 끔찍한 것은, 여전히 전체주의가 사람들로 하여금 제 억압에 능동적으로 동조하도록 하는 방식을 발견하도록 한다는 것이다.

모순

『전체주의의 기원』제3권에서 진행된 아렌트의 작업은 모든 의미를 상실한 세계, 즉 1954년 에세이에서 말한 대로 '상식'이 완전히 무너진 세계(EU : 314)를 이해하는 것이다. 그러나 이것은 참 어려운 문제이다. 아렌트에 따르면, 나치와 소련의 전체주의 운동은 본래부터가 모순적이다. 거기에는 행위의 일관성도 없고, 따라서 그 행위를 '이해'하려는 시도는 그것에 어떤 의미와 이유를 부여하는 과대평가가 되기 쉽다.

매력

아렌트는 제3권을 시작하면서 독자들을 전체주의의 모순에 빠져들게 한다. 전체주의 지도자 히틀러와 스탈린의 권위적 인간성, 그리고 그들이 사회에 발산한 '매력'을 언급하면서 책을 시작하기 때문이다. 전체주의적 인간성의 '권위(카리스마)' 주제는 전쟁이 끝난 이후 사회학자들, 역사가들과 비판적 이론가들을 사로잡았다. 예컨대, 아렌트의 책이 출판되기 한 해 전에 일군의 미국 사회학자들과 독일의 비판적 망명 이론가들이 심리학적 연구서『권위주의 인간성*Authoritarian Personality*』(편견의 연구 Studies in Prejudice)을 출판했다. 아렌트는 전체주의의 본질을 '심리화'하는 시도에 매우 적대적인데, 그러한 시도가 전체주의 지도자들이 그 운동의 전개 과정에서 담당한 역할을 과대평가한다고 생각하기 때문이다. 그런데『전체주의의 기원』제3권에서는 전체주의적 인간성의 본질에 대한 동시대적 관심에 대한 간략한 반응으로 책을 시작한다. 아렌트는 히틀러가 어떻게 "전해진 바에 따르면, 그 누구도 영향을 받지 않을 수 없는"(OT3 : 3) 매력을 발휘했는지를 묘사한다. 사실 그녀는 이미 제국주의적 모험가들, 특히 조셉 콘래드의 『어둠의 심연』에 등장하는 커츠란 인물의 원형적 전체주의 인간성의 핵심 요소를 기술한 적이 있다.(7장 참조) 아렌트에 따르면, 히틀러의 매력은 자신의 생각을 변화하는 환경에 따라 바꾸는 것에 대한 절대적 거절에서 나온 '사회적 현상'이었다. 그녀는 각주에서 다음과 같이 기술한다.

> 분별력의 결여를 특징으로 하는 근대사회에서, [매력에 대한] 이러한 경향이 강화되었고, 그리하여 의견을 가질 뿐만 아니라 그것을 확신에 찬 어조로 표현하기도 하는 사람이라면, 그가 옳지 않다고 몇 번이고 분명하게 밝혀진다 해도 여간해서는 그 특권을 잃지 않는다. …… 그 같은 광신의 소름 끼치는 자의성이 사회에 대단한 매력을 행사한다. 왜냐하면 그 같은 자의성은 사회집단의 지속을 위해 끊임없이 산출되는 견해들의 혼돈에서 자유롭기 때문이다.(OT3 : 3)

히틀러는 의미 있는 도덕적 · 정치적 판단을 할 수 있는 능력을 상실한 사회의 산물이었다고 아렌트는 주장한다. 동시대인을 매혹시킨 것은 히틀러가 한 말의 내용이 아니라, 그가 아무리 자주 옳지 못한 것으로 증명된다 해도, 그가 아무리 현실을 모르는 사람처럼 보인다 해도 자신의 의견을 고수할 준비가 되어 있었다는 사실이다. 따라서 히틀러는 아무 말이나 할 수 있었고, 여전히 매력을 발휘할 수 있었는데, 그 이유는 그가 실제 추구한 목적이 사회 그 자체, 그리고 "사회가 끊임없이 야기하는 의견의 혼돈"에서 벗어날 수 있는 길을 제공하는 데 있었기 때문이라고 아렌트는 암시한다. 타인들에 대한 히틀러의 영향력은, 히틀러가 실제로 한 말의 내용이라기보다는 오히려 그가 발표한 성명의 불합리하고 끔찍스러운 일관성이다. 히틀러가 제공한 것은, 의미 있는 사회생활의 전제 조건인 '의견'을 가질 필요 또는 판단을 할 필요에서 완전히 벗어나는 길이었다.

전체주의가 사회로부터의 도피를 제안한다는 생각은 전체주의 운동의 근본적이고 파괴적이며 허무주의적 국면을 드러낸다. 아렌트에 따르면, 전체주의는 우리가 말하는 것에 의미가 존재하고, 우리가 공적으로 가진 의견들이 내면적 내용이나 일관성을 가진다는 바로 그 생각을 버림으로써 서구 전통을 파괴한다. 타인들의 견해와 그들의 설득 시도에 개방되어야 하고, 새로운 정보나 타인들과의 접촉으로 생긴 세계관 변화에 따라 변화해야 하는 것은, 고전적으로 규정하자면 바로 공론의 본질이다. 자기 의견이 아무리 현실과 맞지 않아 보여도 끝까지 그 의견을 유지한다는 점에서 히틀러는 복수성이라는 인간 조건의 근본 국면을 부정했다.(2장 참조) 전체주의가 서구 전통에 존재하는 사유와 행위의 근본적 전제를 버렸다는 것은 전체주의를 이해하려는 시도가 겪는 중요한 어려움을 나타낸다. 특히 아렌트가 암시하듯, 전체주의 지도자가 자신의 이념과 이데올로기를 제 인격의 권위 수립을 위한 무의미한 수단으로 생각한다면 어떻게 전체주의 운동의 의미를 이해할 수 있을지 막막해진다.

그러나 아렌트는 히틀러의 수사학에 속지 말아야 한다고 주장한다. 아렌트에 따르면, 전체주의 정치에 어떤 일관성이나 의미가 있을 것이라 추정하는 것은 히틀러의 매력에 굴복하는 것이다. 사실 전체주의 지도자들의 의견에서 보이는 외견상의 일관성은 환영에 지나지 않는다. "전체주의적 인격이나 정신성 같은 것이 존재한다면 그것의 두드러진 특징은 의심할 여지없이 놀랄 만한 순응성과 연속성의 부재일 것이다.˝(OT3 : 4) 히틀러의 말과 글이 우리로 하여금 믿도록 하는 것은 완전히 자족적이고 무자비할 정도로 일관된 이데올로기와는 거리가 멀고, 전체주의는 실제로 끝없이 자기모순되고, 전체주의 지도자들이 행하거나 말하는 것에는 어떠한 연속성도 존재하지 않는다.

사례 연구 9 : 전체주의 '운동들', 아렌트와 조지 오웰

영국의 소설가이며 정치사상가인 조지 오웰George Orwell(1903~50)은 1946년에 쓴 에세이 「문학 예방The Prevention of Literature」에서 전체주의에 대해 깜짝 놀랄 만한 주장을 한다.

> 전체주의에서 새로운 것은 그 교의가 난공불락일 뿐만 아니라 불안정하기도 하다는 것이다. 그것들은 저주 받은 고통으로 받아들여져야 하지만, 다른 한편으로는 한순간의 주목에도 쉽게 바뀐다.(Orwell 2003 : 217)

의심할 여지없이 아렌트는 전체주의의 심연에 놓인 모순에 대한 오웰의 통찰에 전적으로 동의한다. 전체주의 이데올로기는 그 자체로 절대 자기모순이 없고 확고부동하다고 주장하지만, 현실적으로 어떤 변형이 필요하다 싶으면 언제나 쉽게, 급격하게 자신을 변형시킨다. 아렌트와 오웰은 모두, 전체주의는 인간 행위에서 그것이 가질 수 있는 어떠한 의미라도 제거해 버리는 환경을 창조한다고 주장한다.

운동

아렌트는 나치뿐만 아니라 다른 전체주의 운동들의 행위와 이데올로기에는 어떤 의미도 존재하지 않으며, 사실 그 운동들의 유일한 목적은 그 운동을 유지하는 것, 특히 더욱더 강력하고 더욱더 파괴적이 되는 데 있다는 주장을 피력한다. 이 끝없는 파괴적 팽창을 달성하고자 전체주의 운동들은 자신들의 파괴적 야망을 감시해 온 국가의 정치 구조를 해체해야만 했다.

> 건물만이 구조를 가질 수 있고, 운동에는, 이 단어를 나치가 생각하는 것처럼 진지하게 또 문자 그대로 받아들인다면, 오직 방향만 있다는 점을, 그리고 어떤 법적 형태 또는 정부 구조라도 특정 방향으로 점점 빠르게 추진되는 운동에 단지 장애가 될 뿐이라는 점을 잊지 말아야 한다.(OT3 : 96)

그러나 이 운동들은 그들이 지배하는 주민들이 그 운동을 통어하는 원리나 이념이 존재한다고 '믿을' 필요가 있다는 것을, 그리고 그 운동이 궁극적으로 겨냥하는 지지자들을 설득할 필요가 있다는 것을 깨달을 만큼 영리했다. 히틀러와 스탈린의 연설 및 성명에서 상술된 것처럼, 전체주의 선전은 그 운동의 실제 실천이 완전히 무너뜨린 일관성의 허울을 그 운동에 부여했다.

폭민에서 대중으로

전체주의의 기원을 이해하려면, 무엇보다 전체주의 운동들이 상품자본주의, 제국주의, 제1차 세계대전 등으로 초래된 유럽 사회의 붕괴를 이용해 온 방식에 주목해야 한다. 아렌트는 특히 나치의 집권에 결정적이었던 것이 전체주의 운동들이 '대중운동'으로 활동한 방식이었다고 주장한다. 전체주의 지도자들은 두 사회집단, 즉 대중과 지식인들에게 특별한 매력을 발휘했다. 아렌트는 대중을 19세기 후반의 '폭민'의 직접적 후예로 이해한다.(7장 참조) 폭민은 부르주아사회의 '잉여' 산물로, 그들은 특히 제국주의의 모험 항해에서 행운을 찾으려 함으로써 그 사회의 팽창 충동에 편승했다. 아렌트에 따르면, 폭민은 제1차 세계대전을 경험하며 급진적으로 대중으로 변했다. 폭민이 일종의 부르주아적 잉여로 기능했다면, 대중은 전쟁을 겪으며 점점 더 "사회의 인도주의적 자유주의적 위선"(OT3 : 29)으로 비쳐진 부르주아사회의 가치들에 적대적이 되었다고 아렌트는 주장한다. 그러나 이것이 대중이 전쟁 경험을 거부했다거나 부르주아적 위선에 대한 항의가 평화주의 또는 반전운동으로 진행되었다고 말하는 것은 아니다. 아렌트에 따르면, 대중은 전선의 공포와 잔혹성을 인간 실존의 실제 본질로 이해했다. "전쟁은 그 끊임없는 살인의 자의성 때문에 죽음, 즉 '위대한 평등자', 그러므로 새로운 세계 질서의 진정한 아버지에 대한 상징이 되었다."(OT3 : 27) 전쟁은 그 공포와 죽음이 환영적 부르주아 감상의 산물이 아니라 실제적이고 진정한 것이기 때문에, 대중에게는 새로운 세계 질서를 발견한 것처럼 보였다.

대중의 '세계소외'

폭민이 부르주아사회에 기생해 왔다면, 대중은 부르주아계급에 매우 적대적이었고 그들의 허위적 미덕이라 여겨진 것들을 파괴하고자 했다. 폭민이 기회주의적이고 모험적이며 본질적으로 이기주의적이었다면, 대중은 매우 이데올로기적이고 '무아無我'적이었다. 사실 대중은 사회를 파괴하길 원했고, 그 파괴를 달성하기 위해서라면 무슨 짓이든 할 준비가 되어 있었다. 대중은 부르주아사회를 열광적으로 증오하고, 전쟁 경험으로 뿌리 뽑혀서 인간의 기본적 자기보존 욕망을 포기하기까지 했다. 아렌트는 '무아성selflessness'이 '대중적 현상'(OT3 : 13)이 되었다고 주장한다. 개별적인 '대중들'은 대중운동의 더 큰 정체성 속에서 그들 자신을 잃어버리기를 원했다. 그러나 대중의 무아성이 '무아성'의 한 특징인 타인에 대한 관심을 의미하는 것은 아니다. 아렌트의 주장에 따르면, 대중은 오히려 그들 자신을 포함하여 모든 사람의 삶이 똑같이 소비될 수 있다고 생각한다. 타인을 돌봐야 한다는 주장이나 타인들에 대한 '연민' 또는 공감의 표현은, 모두 무자비하게 폐기되어야 할 부르주아 이데올로기의 잔재 증거가 되었다. 그 자신뿐 아니라 그를 둘러싼 모든 사람 역시 소비될 수 있다고 믿는 대중사회의 인간에게 특정한 사회적 감정과 의미의 전면적 폐기는 나치 운동을 가져오는 결정적 토대가 되었다.

대중과 알 카에다?

최근 수많은 논평가들이 전체주의 및 대중의 정신성에 대한 아렌트의 분석을 동시대의 이슬람 근본주의 및 테러리즘과 비교하려 했다.(Young-Bruehl 2004 ; Power 2006) 이 분석가들은 광신적 '대중 인간'이 알 카에다 공작원처럼 자아감을 완전히 잃어버리고, 그 실천 과정에서 전 인종이 절멸하게 된다 해도 달성해야만 하는 이데올로기적 목표에 고착되었다고 말한다. 전체주의와 이슬람 근본주의는 둘 다 테러를 정치적 무기로 사용한다. 그러나 전체주의를 동시대적 맥락에서 이해하려는 그 같은 노력들은 오히려 위험하고 정치적으로 잘못된 유비를 제공한다. 특히 그러한 시도들은 신보수주의의 이데올로기적 의제를 강화시키는 위험을 무릅쓴다. 최근 몇 년간 신보수주의는 알 카에다가 '이슬람 파시스트'라거나 '이슬람 파시즘' 같은 것이 존재한다는 매우 진부한 주장을 하면서 이슬람 근본주의를 나치와 결합시켜 왔다. 사실 아렌트의 작업은 '테러와의 전쟁'을 분석하는 최근의 노력에도 긴요하다. 그렇게 하려면 아렌트의 대중사회 논의를 그가 놓였던 역사적 맥락 속에서 살펴보아야 한다.

지식인과 대중

부르주아사회에 대한 대중의 증오는 『존재와 시간』에서 하이데거가 보이는 공적 영역의 '쓸데없는 잡담'에 대한 적대감, 그리고 존재의 근본적 조건에 대한 사회의 '건망증'에 대항하여 죽음을 진정한 의미로 회복시키려는 시도 속에서 반복된다.(4장 참조) 사실 아렌트가 특히 문제점으로 여긴, 양차 대전 사이의 기간에 나타난 한 국면은, 새로운 대중운동에 대한 독일과 프랑스 및 영국의 엘리트 지식인들의 매혹이었다. 아렌트는 "전체주의가 그 지지자와 동조자, 그리고 등록된 당원에 포함시킬 수 있는 가공할 만한 명부"(OT3 : 24)를 묘사한다. 그러면서 특히 유럽의 예술가와 지식인들이 부르주아적 '미덕'에 대한 대중의 비난, 그리고 잔인함과 파괴가 부르주아사회가 제공할 수 있는 것보다 더 정직하고 덜 위선적인 형태의 인간 상호작용이라는 대중의 주장에 매혹되었다고 주장한다. 이 시기의 아방가르드 예술 작품, 특히 프랑스 작가이자 사상가인 조르주 바타유Georges Bataille(1897~1962)와 '잔혹극'의 극작가이자 이론가인 앙토냉 아르토Antonin Artaud(1896~1948)의 작품에는 확실히 잔혹과 폭력에 대한 새로운 매혹의 증거가 있다.(바타유와 아르토가 나치 지지자였다고 말하는 것은 아니다.) 아렌트는 히틀러 및 스탈린 전체주의에 동조한 작가들이 부르주아계급에 대한 증오를 공유했다는 점에서 대중과 엘리트 예술가 및 지식인 사이의 동맹이 정치적 좌우 구분을 넘어섰다고 지적한다.

'대중사회mass society' 개념은 20세기 초 예술가들과 사회이론가들의 마음을 사로잡았다. 이 현상에 대한 핵심적 연구는 귀스타브 르 봉 Gustave Le Bon의 『군중La psychologie des foules』(1895년 초판 발행, 영어 제목은 'The Crowd : A Study of the Popular Mind')이었다. 그러나 아렌트가 대중을 다루는 태도와 영어권 세계 동시대인들의 태도 사이에는 차이가 있다. 영국에서 1920년대와 30년대 대중과 지식인의 관계는 일반적으로 아렌트가 제시한 것보다는 훨씬 더 적대적인 관계로 여겨졌다. 영국의 문학비평가 존 캐리John Carey는 『지식인과 대중The Intellectuals and the Masses』(1992)에서 영국의 모더니즘적 문학 글쓰기를 영국에서 일어난 새로운 '대중문화' 현상에 대한 반발로 묘사한다. 캐리에 따르면, T. S. 엘리엇 같은 시인들과 버지니아 울프 같은 소설가들의 난해함과 모호함은 모더니스트 지식인들이 분개한, 19세기 후반 영국의 교육개혁으로 이득을 보고 그 덕에 '자신들을 개선하려' 노력한 중하류 계층 독자들 같은 새로운 대중을 배제하려는 자의식적 시도의 결과이다. 엘리엇은 1922년의 시「황무지The Waste Land」에서 런던교 위를 흘러가는 '군중'을 묘사할 때, 이 특별한 인간 대중에 대한 불만을 드러낸다.(5장 참조) 그러나 대중에 대한 아렌트의 태도는 덜 적대적이다. 그녀는 『전체주의의 기원』에서 "부르주아 계층의 이데올로기적 전망과 도덕적 기준이 전체적으로 팽배한 사회에서 혐오감이 어떻게 정당화될 수 있는지"(OT3 : 26)를 기술하며, 몇 번이고 대중의 반부르주아 감정과 동일시할 것 같은 분위기를 풍겼다. 캐리에 따르면 영국의 대중은 존경 받는 부르주아가 되기를 바랐고, 이것이 영국 지식인이 그들에게 선입견을 갖게 된 이유이다. 반면 대륙의 대중은 훨씬 더 허무주의적이고, 반부르주아적 발전 단계에 도달해 있었다.

아렌트에 따르면, 나치즘은 실제로 대중을 언급하지 않았다. 오히려 그들의 파괴 충동을 이용했다. 대중과 지식인을 모두 이용한 후 히틀러는 그들이 바랐던 대로 파괴하도록 내버려 두었다. 이 배반은 지식인들의 경우에 두드러지게 나타났다. 나치즘은 하이데거와 같은 인물들을 매혹시켰지만, 나치즘과 스탈린주의는 궁극적으로 매우 반지식인적임을 드러냈다. 아렌트는 "나는 문화라는 말을 들으면서 방아쇠를 당겼다"(OT3 : 26)고 말하는 나치 노인을 인용하는데, 그것은 지식인들에 대한 나치의 실제 태도가 어땠는지를 보여 준다. 궁극적으로 아렌트는 전체주의 운동이 권력을 잡을 때면 언제나 "이 전체 지지자 집단은 정권이 가장 큰 범죄를 향해 나가기 전에 내쳐졌다"(OT3 : 37)고 주장한다. 같은 일이 독일에서처럼 러시아에서도 일어났다. 러시아에서 지식인들은 스탈린의 숙청으로 사회에서 빠르게 제거되었다.

사례 연구 10 : 1984

전체주의적 환경이 계획적으로 모든 의미 있고 자기모순이 없는 현실 개념을 폐기할 때, 그 환경에서의 삶을 어떻게 이해할 수 있는가? 이 사례 연구에서는 전체주의적 환경에서의 삶에 대한 아렌트의 연구를 문학 연구 배경을 가진 독자들에게 더 친숙한 맥락 속에 위치 지우고자 『전체주의의 기원』과 조지 오웰의 소설 『1984』(1949년 출판)를 비교하며 읽을 것이다.

아렌트의 첫 두 권의 저서는 반유대주의와 제국주의적 인종주의의 사회 경험들을 찾아내고자, 그리고 이 경험들이 나중에 어떻게 전체주의 운동과 연결되는지를 이해하는 방법으로 문학적 예들을 활용한다. 『전체주의의 기원』 제3권은 전체주의 국가에서의 삶의 경험을 이해하려 한다. 그러나 나치 독일이나 스탈린 치하 러시아에서 살아간다는 것이 어떨지를 상상하려는 노력에 문학적 글쓰기를 이용하지는 않는다. 전체주의 정권 하의 삶은 어떤 의미에서 집권당이 '현실' 개념을 재규정하려, 그리고 이 공식적인 현실 해석에 대한 어떤 반대도 침묵시키려고 이데올로기와 테러를 강력하게 결합시킨다는 점에서 이미 '허구적'이기 때문이다. 아렌트가 저서를 출간한 당시에 전체주의 정권에서 이루어진 이러한 현실 통제는 이후 전체주의에서의 삶을 직접 경험한 수많은 작가들이 검토해 왔다.

『참을 수 없는 존재의 가벼움*The Unbearable Lightness of Being*』(1984)의 작가인 밀란 쿤데라Milan Kundera(1929~)의 작품들, 러시아 작가 알렉산드르 솔제니친Aleksandr Solzhenitsyn(1918~2008) 등이 그 예이다. 아렌트에 따르면, 솔제니친의 소설 『제1원*The First Circle*』(1968)은 "현존하는 스

탈린 정권에 대한 가장 훌륭한 기록을 포함한다".(CR : 154) 소련 양식의 전체주의에 대한 솔제니친의 문학적 설명은 아우슈비츠의 생존자 프리모 레비, 부헨발트의 생존자 호르헤 셈프룬처럼 나치의 죽음의 수용소에서 살아남은 생존자들이 생산한 수많은 회고록에 필적한다. 전체주의가 종종 현실 그 자체를 '저술하려' 시도하는 예술적 표현의 자유를 억압해 왔다는 점에서, 그리고 앞에서 제시한 작가들 중 일부는 현실에 대한 한정적이고 전체주의적 견해에 반대해 '응답하려' 애써 왔다는 점에서, 전체주의와 글쓰기의 강력한 결합이 생겨난다. 아렌트의 전체주의 연구는 현실에 대한 전체주의적 지배와 왜곡에 저항하려는 등가적 시도로 이해될 수 있다.

오웰의 소설 또한 그 같은 저항적 행위로 시작된다.『1984』의 주인공 윈스턴 스미스는 일기를 쓰는 것으로 그가 살아가는 전체주의 정권의 권위에 저항한다. 이 소설은 '오세아니아'라 불리는 새로운 초강대국의 일부인 영국이 '빅 브라더Big Brother'와 그가 이끄는 당의 지배를 받는 반유토피아적 미래를 무대로 한다. 스미스는 자기 자신, 자신의 역사에 대해 알고 있는 모든 것이 몇몇 믿기 어렵고 희미해진 기억들과는 별개로 빅 브라더에 의해 주입되기 때문에 이 전체주의 정권에 저항하려 분투한다. 오웰의 소설은 과거, 현재, 미래에 대한 모든 정보가 정부 당국에 의해 직조되는 삶의 미묘한 고독감과 소외감을 묘사한다.

아렌트는 사회적으로 소외된 개인의 고독감이 대중운동의 매력을 설명해 준다고 분석한다. 대중은 "사회의 경쟁 구조와 그로 인한 개인의 외로움이 특정 집단의 구성원이 됨으로써만 해소되는, 고도로 원자화된 사회의 분열에서 생겼다".(OT3 : 15) 그러나 대중운동에 참여하여 소속감을 찾기는커녕 오히려 전체주의 지배는 대중사회의 인간이 느끼는 고독감을 완벽한 고립 상태로 변형시켰다. 일종의 정치적 무기로써 선전을 전개하고 테러를 사용하는 것은, 전체주의 하의 개인을 자신이 '올바른' 생각을 하는 것인지 아닌지, 그 생각이 다른 사람들과 공유된 것인지 아닌지 영원히 불확실한 상태에 남겨 둔다. 이처럼 전제주의 지배는 타인들을 인식하고 그들과 소통할 수 있는 사회 공동체의 모든 가능성을 붕괴시켰다.

오웰은 자신의 소설에서 그러한 전체주의 지배 경험을 탐구한다. 그는 윈스톤 스미스란 인물을 통해 전체주의적 선전이 어떻게 개인을 집단 히스테리 상태로 빨아들이면서 동시에 개인이 고립되었다고 느끼도록 하는지를 묘사한다. 스미스는 어쩔 수 없이 연극이 거의 본능이 될 정도로 당의 헌신적 종업원 역할을 한다. 오웰은 "감정을 숨기는 것, 얼굴을 통제하는 것, 다른 타인들이 하는 대로 하는 것 등은 본능적 반응" (Orwell 1983 : 752)이라고 쓴다. 그러나 스미스가 아무리 자신은 끊임없이 시치미를 떼고 있다고 자각해도, 이 자각이 그가 대중운동에 사로잡히는 것을 막아 주지는 않는다. 빅 브라더의 선전에 노출된 순간, 그는 '인민의 적'의 초상에 대한 증오의 표현으로는 "그 선전에 동참하는 것을 피할 수 없음을 깨닫는다".(Orwell 1983 : 750) 스미스는 이 대중의 증오감 속에서 자의식을 상실한다.

선전

오웰과 아렌트에게는 외로움뿐 아니라 두려움도 전체주의 국가에서 경험하는 삶의 중요한 부분이다. 이 두려움은 부분적으로 전체주의의 선전에서 오는데, 그 선전은 개인을 전체주의 운동에 헌신시키고자 운동이 미치지 않는 세계를 이 운동이 품은 야망에 대한 강력한 반대파로 묘사한다. 전체주의 조직은 그 구성원들을 비전체주의적 세계에 대한 왜곡된 재현물에만 접근시킴으로써 "그 구성원들이 외부 세계와 직접 대면하지 못하게 한다".(OT3 : 65) 아렌트는 전체주의의 선전이 어떻게 그 수령인들로 하여금 그 운동 자체의 비정상적이고 모순된 프로그램을 받아들이도록 그들을 현실, 공통세계에서 단절시키는 기능을 하는지를 기술한다. 전체주의의 선전은 공적 행위자로서의 지위를 상실한 사람들에게 가장 공을 들인다고 오웰은 지적한다.

어떤 면에서, 당의 세계관은 그것을 이해하지 못하는 사람들에게 가장 성공적으로 부과되었다. 그들은 현실의 가장 노골적인 폭력을 받아들이도록 만들어졌다. 왜냐하면 그들은 결코 자기들에게 요구된 것의 심각성을 완전히 파악하지 못하고, 공적 사건에 관심을 갖고 무슨 일이 벌어지고 있는지를 파악하지 못하기 때문이다. 이 이해 부족 덕에 그들은 제정신 상태로 남아 있었다.(Orwell 1983 : 836)

경찰국가

아렌트는 『전체주의의 기원』 제2권에서 나치의 관료정치가 "사적 개인과 그의 내적 삶에 개입하여 동일한 잔인성을 강요했다"(OT2 : 125)고 말한다. 현실을 왜곡하는 주요 국영 기관은 시민들을 끊임없는 공포 상태에 몰아넣어 '시민들'의 사고와 감정을 통제하려 한 경찰이었다.(오웰의 디스토피아적 미래에는 '사상경찰'이라 불리는, 개인의 내면적 삶을 통제하는 경찰이 별도로 존재한다.) 전체주의는 정부를 국가의 폭력기관, 즉 경찰과 관료제에 배타적으로 의존하게 하는 제국주의의 실천을 기반으로 했고 그것을 과격하게 만들었다.(7장 참조) 아렌트의 주장에 따르면, 경찰은 단지 전체주의의 권력을 행사하는 주요 도구이기만 한 것이 아니다. 오히려 전체주의가 실제로는 경찰을 위해 존재한다고 할 정도로 현실은 그와 반대로 작용했다. 전체주의 지배의 초현실적이고 반사실적인 본질에 대한 이해는 아렌트를 매우 반反직관적인 통찰로 이끌어 간다.

나치는 독일인이 세계의 지배인종이라고 생각하지 않았다. 오히려 독일인도 다른 모든 국가와 마찬가지로 그 인종의 지배를 받아야 하고, 그 지배인종이 이제 막 탄생하고 있다고 생각했다. 그 지배인종의 서막은 독일인이 아니라 바로 나치 친위대였다.(OT3 : 110)

아렌트는 나치 친위대(SS)가 단지 나치 국가의 한 기관이었던 것이 아니라 실제로는 그들이 나치 국가의 존재 이유였다고 말한다.(본래 나치 친위대는 나치당의 한 부분으로 출발했지만, 나치 정권 기간에는 비밀경찰 또는 게슈타포(비밀경찰)를 능가하는 경찰력 그 자체가 되었다.(OT3 : 78)) 따라서 나치 국가는 경찰에 의해 작동되었다는 의미에서뿐만 아니라, 경찰을 위해 작동되었다는 의미에서 '경찰국가'였다. 아렌트는 나치가 그들 생각으로는 여전히 구식 독일 국가주의에 종속되어 있을지 모를 군대를 의심했다고 주장한다. 나치에게 국민국가는 극복되어야만 하는, 그들의 끝없는 파괴 충동을 가로막는 또 다른 장벽이었다. 그들은 사람들을 속여 운동에 참가시키고자 구식의 독일 국가주의를 이용했지만, 나치의 세계관은 사실 근본적으로 국제주의적이었고 국가주의 정치에 반대했다.

나치의 국제주의를 바라보는 이 같은 견해는, 나치 선전에서 반유대주의가 담당했던 역할에 대한 다른 관점을 제공한다. 유대인 사업체와 가족들이 종종 국가 경계를 넘어 존재하고 운영된다는 사실, 즉 유대인의 '국제주의'는 나치가 국가에 저항하면서 실제로 모방하려 애쓴 것이었다고 아렌트는 주장한다. 이는 매우 반직관적이고 잠재적으로 모욕적인 주장처럼 보인다. 그럼에도 불구하고, 아렌트는 "기존 유대인의 세계 지배 망상이 미래 독일의 세계 지배의 환영을 위한 토대를 형성했다"(OT3 : 58)고 확신한다. 나치 전체주의와 유대인 사이의 역사적 관계를 다룬 그녀의 저술 대부분이 그렇듯이, 나치가 유대인 조직을 모방하려 했다는 주장은 불편하고 논란의 여지를 제공한다.

집단수용소

아렌트는 나치 경찰국가의 상징적 중심에서 인간의 집단수용소 구금과 파괴가 발견된다고 주장한다. 그러면서 집단수용소에서 일어난 일이 어느 정도나 이 운동의 숨겨진 혹은 '비밀스러운' 중심이 되었는지에 관심을 둔다. 그녀는 전체주의의 지배를 분석하는 과정에서 권력과 비밀의 역관계가 드러난다고 주장한다. 나치 운동이 더 강력해질수록 그것의 실제 목표는 점점 더 비밀스러워졌다. 다시 말해서, 이 비밀스러움이 권력을 결여하고 있어 제 진짜 의도를 숨겨야 하는 정치조직에 의해 활용되었다는 점에서 이 비밀 상태는 역설적이고 모순된 위치에 처하게 된다. 아렌트는 나치의 비밀경찰이 감시해야 할 사람이 한 명도 남지 않은 때 더욱더 팽창했다는 역설적 결론을 시사한다. "실제 적의 절멸이 완수되고 객관적 적에 대한 사냥이 시작된 이후에, 비로소 테러는 전체주의적 체제의 실제 중심 내용이 되었다." 아렌트는 집단수용소를 순수한 테러의 현장으로 이해했다. 그곳에서, 권력이 인간 상호작용의 산물인 인간 조건의 모든 개념을 결국에는 파괴하는 상황에서 절대적으로 무력한 사람들이 절대적으로 강력한 사람들과 대면했다.

아렌트는 집단수용소의 실제 목적은 어떤 실질적이고 실용적인 것이 아니라 바로 이 인간성의 상실이었다고 확신한다. "믿어지지 않는 공포는 그것의 경제적 무용성과 밀접하게 결합되어 있다."(OT3 : 143) 수용소는 전체주의 지배자들이 제 파괴적 충동이 뻗어 갈 수 있는 범위, "무엇이 가능한지에 대한 외설적 경험적 연구"(OT3 : 134)를 시험한 공간이었다. 달리 말해서, 그들은 일종의 과학적 실험, 인간 조건의 한계와 그 조건이 파괴될 수 있는 정도에 대한 시험을 수행했다. 나치가 유대인에게 저지른 집단학살은, 죽음에서 그 문화적 의미를 박탈함으로써 삶의 이야기에 대한 거대한 파괴를 야기했다. "집단수용소는 죽음을 익명의 것으로 만듦으로써 …… 완료된 삶의 종말로서 죽음이 지닌 본래 의미를 박탈했다."(OT3 : 150) 본질적으로, 수용소는 "인간을 완전히 지배하는 것이 가능한 유일한 사회 형태"(OT3 : 154)인 반사회 형태로 기능했다. 집단수용소에 대한 아렌트의 고도로 비유적인 이해를 통해 나치의 행위는 모든 인간이 살해될 수 있는지, 개별적 인간의 인간성이 파괴될 수 있는지를 알아내는 일종의 과학적 '실험'이 된다.

전체주의에 감춰진 허무주의

집단수용소 분석은 전체주의적 선전의 본질에 대한 아렌트의 주장, 즉 그 운동의 행위 이면에 담긴 목적이나 합리적 이념을 파악하려는 어떤 시도도 나치 선전에 굴복하는 것이라는 주장을 강화한다. 선전이 드러내는 것은, 나치 정권의 행동 원리인 절대적으로 허무주의적인 파괴와 지배를 완전히 은폐하려는 목적과 의미, 유용성의 위장이다. 수용소는 그 중심에 있고, 그 속에서 전체주의 자체의 본질이 결정체를 이룬다. 책의 끝 부분에 이르러, 아렌트는 다음과 같이 기술한다.

전체주의 이데올로기는 …… 외부 세계의 변형 또는 사회의 혁명적 변형이 아니라 인간 본질 그 자체의 변형을 목표로 한다. 집단수용소는 인간 본질의 변화를 시험하는 실험실이고, 그래서 그곳의 수치는 단지 그 수감자들과 그들을 엄격하게 "과학적" 기준에 따라 관리한 사람들의 일이기만 한 것은 아니다. 그것은 모든 인간이 책임져야 하는 일이다.(OT3 : 156)

아렌트가 기술한 근대성의 비극적 이야기는 칸트의 정치철학으로 열린 사유와 행위의 새로운 화해 가능성으로 시작해서, 집단수용소의 희생, 전체주의 국가의 '이상적 시민'을 형성하는 일단의 반응으로 끝이 난다.

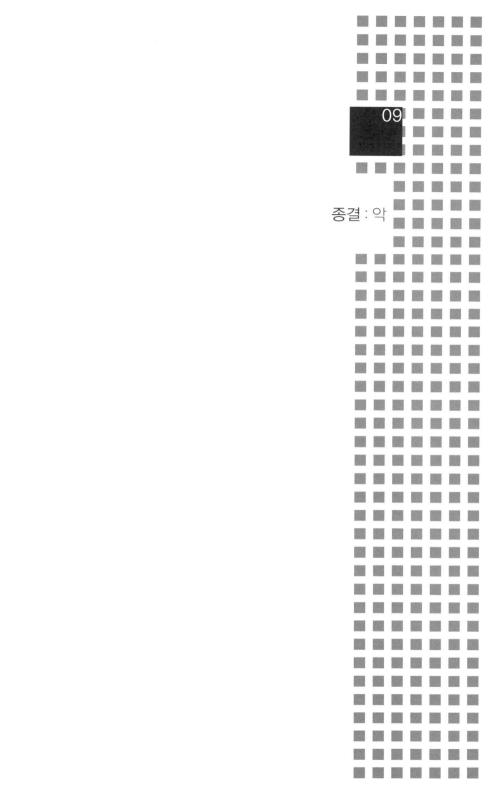

09

종결 : 악

Hannah Arendt

아렌트와 관련한 비평적 설명들은 주로 악evil의 개념에 대한 그녀의 다양한 논의에 집중되어 왔다. 그러나 어떤 면에서 악은 아렌트에게 매우 주변적이고 문제가 많은 용어이다. '악의 평범성에 대한 보고서'라는 부제를 달고 있는 책『예루살렘의 아이히만』의 후기에서, 아렌트는 이 저술의 '보고' 요소를 강조한다. 그녀는 이 보고에 대해 "개인적 역사를 지닌 피와 살로 된 한 인간"에 대한 연구를 의도했지, "결코 악의 본질에 대한 이론적 논문을 의도하지 않았다"(EJ : 285)고 말한다. 그럼에도 불구하고, '악'은 가장 지속적으로 과잉 해석되고 오해받아 온 아렌트 사상의 한 영역이다. 아렌트는 이 책이 출판된 당시에 악 관념이 피상적이고, '악의 평범성'이란 구절을 내세워 사람들의 눈길을 끌려고 했다는 이유로 비난받았다. 사실 아렌트는 근대 전체주의의 악을 표면적 현상으로 본다. 이 간략한 종결부에서는 아렌트의 이러한 주장에 담긴 위태로운 점을 검토한다.

아렌트는 종종 악의 문학적 재현을 생각하는 방식으로 악의 문제에 접근한다. 예를 들어 아이히만 재판에 대한 후기에서, 아이히만을 셰익스피어의 리처드 3세와 비교한다.(EJ : 287)『예루살렘의 아이히만』과 같은 해 출판된 에세이『혁명론』에서, 아렌트는 허먼 멜빌의 이야기『빌리 버드』에 나타난 악의 문제를 숙고한다. 그녀는 이 이야기에 등장하는 악랄한 상관 클래가트에 대한 멜빌의 묘사에서 '악덕 너머의 악'을 발견한다. 아렌트는 '절대악'(OR : 84)과 절대선 또는 절대적 순진을 등가적인 것, 법 바깥에 존재하는 반정치적이거나 전前정치적인 힘으로 이해한다. 아렌트는 멜빌의 이야기를 읽는 과정에서 선과 순진이 어떻게 악만큼이나 정치 공동체에 대한 파괴와 폭력을 야기할 수 있는지를 보여 준다. 악한 인물(클래가트)과 선한 인물(빌리 버드)에 대한 그녀의 비교 분석은 천성적으로 선하거나 천성적으로 악하다는 식의, 인간 존재와 인간 본질에 대한 이데올로기적 재현에 의문을 제기한다.

1946년에 소설가 헤르만 브로흐Hermann Broch에 대해 쓴 에세이 「이미 아니고 아직 아니다No Longer and Not Yet」에서 아렌트는 "유럽의 심장부에 세워진 죽음공장들(예컨대 집단수용소)은 2천 년 이상 우리를 역사적 실체와 묶어 온 낡은 실을 잘라 냈다"(Arendt 2007b : 122)고 기술한다. 사실상 집단수용소의 경험이 서유럽의 전체 역사와 가치 및 규범 체계와의 분명한 단절을 야기했다고 주장한 것이다. 그러나 아렌트는 『전체주의의 기원』에서 집단수용소를 묘사하면서 가장 오래되고 가장 전통적인 관념들 중 하나, 즉 악에 대한 신학적 범주에 의존한다. "집단수용소의 현실은 중세의 지옥 그림과도 닮지 않았다."(OT3 : 157) 그리고 그 수용소들을 운영한 사람들의 행동을 "이기심, 탐욕, 시기, 원한, 권력욕, 비겁함 같은 사악한 동기들로는 이해될 수도 설명할 수도 없는 절대악"(OT3 : 157)으로 묘사한다. 이 두 가지의 상이한 해석이 어떻게 조화를 이룰 수 있는가? 집단수용소는 어떻게 전통과의 단절을 초래하고 동시에 가장 오래되고 가장 전통적인 신학적 악의 범주 속에서 이해될 수 있는가?

절대악

전체주의 분석에서 아렌트는 악의 범주에 의존하는 한 이유를 제시한다. 그것이 책임 있는 행위자들의 행동을 판단할 수 있는 모든 철학적·사회학적 기준의 상실을 보여 주는 증거라는 것이다.『전체주의의 기원』에서 아렌트는 철학적 전통이 어떻게 '근본적 악'을 생각하지 못했는지를 기술한다. 여기서 '근본적'이란 말은 인간 내부에 본질적 부분으로 존재하는 악의 유형을 가리킨다. '근본적 악'이란 용어는 중세 기독교의 인간관에서 나온다. 철학 전통은 인간을 선천적으로 악한, 태어날 때부터 이미 죄인인 일종의 '타락한' 존재로 보는 이 관념에서 벗어나려 노력했다. 칸트에게 악의 현상은 단지 '왜곡된 악의'(OT3 : 157)의 표현일 뿐이라고 아렌트는 말한다. 달리 말해서 칸트에게 인간은 천성적으로 악한 행위를 저지르게 되어 있는 존재가 아니라, 오히려 악이 왜곡되어 버린 선의善意의 산물이다.

그러나 아렌트는 집단수용소가 실제로 근본적 악의 현상을 다른 모습으로 다시 보여 준 만큼 인간의 본질을 변화시켰다고 주장한다. 근본적 악은 "모든 인간이 똑같이 필요 없어진 체계와의 연관 속에서 나타났다".(OT3 : 157) 달리 말해서 수용소는 철학적 전통을 무효로 만들어 버렸다. 철학적 전통과의 이 단절을 이해하려면 더 오래된 형이상학적 혹은 종교적인 근본적 악 개념으로 되돌아갈 필요가 있다고 아렌트는 말하는 듯하다. 인간의 삶이 모든 가치를 상실하고 '필요 없는' 것이 되어 버린 절대적으로 타락한 체계를 이해하는 데는 다른 방법이 없다.

악의 평범성

1943년에 쓴 집단수용소에 대한 에세이에서 아렌트는 "지옥은 이제 더 이상 종교적 믿음이나 환상이 아니라 집들, 바위들, 나무들 같은 현실"(JW : 265)이라고 했다. 그러나 20년 후 아이히만 재판에 대한 아렌트의 반응은 이 악에 대한 반응이 바뀌었음을 암시한다. 특히 아이히만 연구는 그녀가 철학적 전통, 즉 인간을 악한 행위는 할 수 있지만 본래 선천적으로 악한 것은 아닌 존재로 보는 견해로 되돌아갔음을 보여 준다. 근대 세계에서 악한 행위는 아렌트에게는 어떤 심연의 내적 혹은 타고난 충동의 산물로 보이지 않는다. 오히려 악은 제도화되고 비인격화되고 일상적인 것이 되었다. 많은 아렌트 독자들에게 아이히만의 '평범성'에 대한 주장은 그의 책임을 면해 주는 것처럼 보였다. 그러나 사실 아렌트는 전혀 그렇게 하려 하지 않았다. 오히려 그녀가 끔찍하게 여긴 것이 그 악의 평범성이었다. 그녀가 말하려 한 것은, 그 일상성과 평범성이 세계에 엄청난 영향을 미칠 수 있다는 것이다. 그녀의 책이 출판된 이후 벌어진 논쟁에서 아렌트는 깊이 없는 악의 이 기이하고 역설적인 특징을 자연적 과정과의 유비로써 파악하려 애썼다. '악의 평범성'이란 구절을 구호로 삼았다고 비난한 예전의 지인 게르숌 숄렘Gershom Scholem의 편지에 대한 답변에서, 아렌트는 악이 자연적 부패의 피상적이고 변질되는 특징을 가지고 있다고 주장했다.

악은 결코 "근본적"이지 않고, 단지 극단적일 뿐이며, 깊이도 어떤 악마적 차원도 가지지 않는다는 것이 바로 지금 나의 생각이다. 악은 표면 위의 곰팡이처럼 퍼져 가기 때문에 세계를 뒤덮어 황폐화시킬 수 있다. 내가 말한 대로 악은 사고가 어떤 깊이에 도달하여 진상을 캐려 노력하기 때문에 "사고를 부정"한다. 그리고 사고는 악에 관심을 갖는 순간 거기엔 아무것도 존재하지 않기 때문에 좌절된다. 그것이 바로 악의 '평범성'이다.(JW : 471)

자연적 힘은 본질적으로 평범하고 피상적일 수 있지만, 집을 통째로 부식시킬 수 있는 곰팡이처럼 엄청난 파괴력을 가질 수도 있다. 우리는 '악의 평범성'을 더는 이해할 수 없는 현실에 대처하는 비유 은유로 이해하고, 아렌트가 『인간의 조건』에서 개괄한 본질에 대한 이해와 연결지어 이해할 필요가 있다. 아렌트는 자신이 아이히만의 범죄를 평가절하했다고 하는 비난에, "우리 세기의 가장 큰 재앙을 하찮은 것으로 만들 생각은 전혀 없었다."(JW : 487)고 답한다. 그러나 아렌트는 극악무도한 나치 범죄를 입증해야 할 필요 못지않게 그 범죄의 무의미성과 피상성을 보고할 의무를 느꼈다. 공포란 측면에서 유례가 없고 그 공포를 수행하는 방법 면에서는 평범한 아이히만 사례를 파악하는 데에는 많은 요령이 필요한데, 아마도 아렌트는 이 문제를 다루는 데 필수적인 요령을 결여했던 것 같다.

아렌트는 홀로코스트의 피상성이 지닌 매우 파괴적인 힘을 설명하는 과정에서 홀로코스트의 공포에 형이상학적 의미를 다시 부여하는 위험을 피하고자 했다. 재현할 수 없는 것을 재현하려 노력하는 과정에서 아렌트가 직면한 어려움은 그녀만의 문제는 아니었다. 일부 학자들은 나치의 집단학살을 묘사하는 데 '홀로코스트'보다는 히브리어인 '쇼아shoah'를 즐겨 사용했다. 고대 유대인들 사이에서 '홀로코스트'는 예루살렘 사원에서 신께 바치는 번제 제물을 가리켰다. 따라서 교환, 상징적 의미, 궁극적으로는 구원을 함축하는 제물 개념으로 집단학살을 지칭하는 것은 부적절하다는 판단이었다. 나치의 집단학살에는 그 대규모의 절멸에 대해 어떤 교환도, 어떤 의미도 존재하지 않는다. 그것은 결코 그 모든 고통을 통해 무엇인가를 획득하는 '희생'이 아니었다. 같은 방식으로 아렌트는 우리가 유대인이 겪은 고통의 절대적 공허함을 직시하길 원했다.

그렇다면 아렌트는 왜 이 '악'이란 용어를 고수하는가? 그 말을 왜 완전히 없애 버리지 않는가? 그것은 일부 비평가들이 주장한 것처럼 하나의 구호였는가? 어쩌면 아렌트가 사용한 악이란 말의 용법은, 한때는 의미가 있었지만 더는 그 의미가 존재하지 않는 자리를 나타내는지도 모른다.

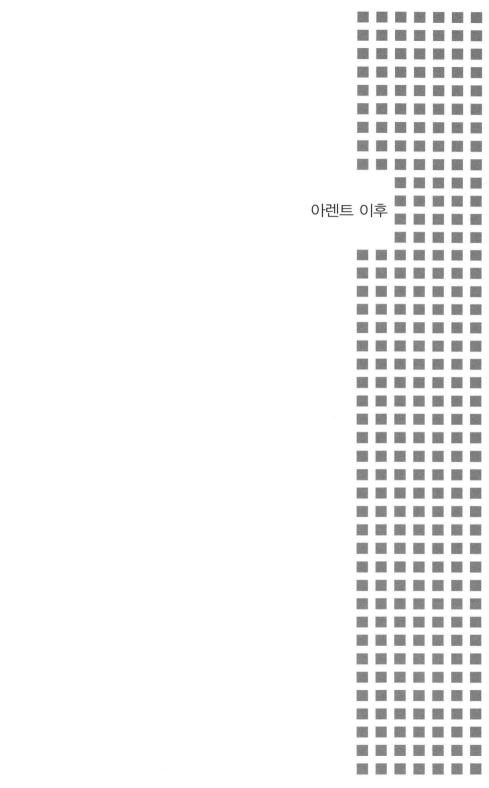

아렌트 이후

Hannah Arendt

> 악의 평범성 …… 단테와 밀턴의 거대한 루시퍼들은 선을 위해, 앵무새
> 처럼 한 악마의 어깨에 걸터앉은 먼지투성이의 작은 악마들이 차지한 곳에
> 서 강렬한 불빛을 내뿜는 대신 빛을 제 속으로 빨아들이면서 물러났는가?
> - J. M. 쿠체Coetzee, 『엘리자베스 코스텔로Elizabeth Costello』(2004)

지금도 여전히 어디에서나 아렌트의 저작이 재간행되고 논의되고 있
다. 아렌트 사상을 통해 문학과 문화 연구에서 동시대의 지정학적 상황
을 드러내려는 다양한 시도들에서, 이제는 아렌트 사상 자체를 발견하
려는 시기로 접어든 것 같다. 아렌트에 대한 관심은 여러 분야에 걸쳐 나
타난다. 최근에는 철학 학회 사람에게서 아돌프 아이히만에 대한 아렌트
의 연구를 인종차별정책 종식 이후 남아프리카공화국에서 벌어지는 정
의와 화해 논의의 틀로 사용한다는 얘기를 들었다. 또, 최근의 칸트 철학
연구는 칸트의 정치학적 중요성에 대한 아렌트의 주장들을 기입하려 하
고 있다.(Caygill 1989 ; Munzel 1999) 아이히만에 대한 아렌트의 책이 일으
킨 '악' 논쟁은 다시 한 번 공적 논의의 중요한 주제가 되고 있다. 남아프
리카공화국의 소설가 J. M. 쿠체(1940~)의 소설 『엘리자베스 코스텔로』
(2003)가 그 단적인 예이다. 심지어 최근에는 『전체주의의 기원』을 인용

한 워즈워스 연구서까지 나왔다.(Bromwich 1998) 아렌트는 어디에나 존재한다. 왜 그러한가? 무엇이 사람들로 하여금 아렌트의 작업에 다시 관심을 돌리도록 추동하는가? 오늘날 아렌트의 이름이 여기저기서 거론되는 현상은 흥미로운 일이며, 그 자체만으로 잠재적으로 유익하다.

어떤 냉소가는 이런 현상이 학문적 유행의 변덕에 불과하다고 주장하기도 한다.《런던 서평London Review of Books》의 한 논평가는 최근 근래의 '아렌트 산업'을 언급하며 출세주의라고 폄하했다. 인간성 연구는 항상 함께 작동할 패러다임을 필요로 한다. 개별적 연구자들은 최신 동향을 파악해야 하고 현재 통용되는 비평적·문화적 연구 분야를 알아야 한다. 이 냉소가는 또한 연구자들이 자신들이 최첨단에 있다는 것을 증명해 보이려면 특별한 비평 양식을 창안해야 한다고 주장했다. 그러나 그러하다면 이 연구자들이 한나 아렌트보다 우리 시대의 사회적·정치적 상황에 더 적합한 누군가를 발굴했는가? 아렌트의 작업으로 시작된 많은 주장들은 매우 당혹스러운 정도는 아니더라도 구식처럼 보일 수 있다. 공사公私 구분에 대한 아렌트의 주장은 인간의 신체와 자연을 폭력, 불명료, 노예제도 등과 연관된 비문화적 공간으로 보는 견해로 나아간다. 이러한 견해는 21세기 초반의 생태학적 의식과 어우러지기는 어려운 주장들이다. 아렌트가 문화적 세계를 만드는 과정에서 인간이 자연에 행사하는 '폭력'을 옹호하는 태도는 우리 시대를 규정하는 임박한 생태학적 재앙 의식이란 면에서 볼 때 특히 더 불쾌하게 느껴진다. 아렌트의 주장은 때때로 마치 그녀가 여성을 가정과 노예 관리 문제에 한정하여 보는 시각과 멀지 않다는 느낌을 주기도 한다. 이러한 견해는 젠더 이론, 문화 연구와 정체성 정치 등에 대한 동시대의 관심과 조화를 이루기가 매우 어려워 보인다.

페미니즘

특히 많은 페미니즘 사상가들이 아렌트의 작업을 매우 반페미니즘적인 것으로 바라본다. 그녀의 작업이 페미니즘 연구자들의 핵심적 참여 영역인 탄생, 수행, 신체 같은 주제들에 큰 중요성을 부여한다고 해도 말이다. 시인 에이드리언 리치Adrienne Rich(1929~　)는 『인간의 조건』을 읽은 경험을 이렇게 기술했다.

　행동하는 삶vita activa, 즉 공통세계에 대한 참여에서 여성을 배제하는 것, 그리고 이것을 재생산과 연결시키는 것은 그녀가 시선을 딴 데로 돌려서라기보다는 빤히 쳐다보면서도 보지 못하는 어떤 것이다. 그래서 이 "위대한 저작"은 남성 이데올로기가 부적절하다고 여기는 진실을 훼손하며 그 이데올로기를 성공적으로 주장하기 때문에 그 이데올로기가 주목할 필요가 없는 일종의 실패작이다. 위대한 정신과 학식을 가진 여성이 그런 책을 읽는다면 고통스러울 수 있다. 왜냐하면 그것이 남성 이데올로기를 양육하는 여성의 정신적 비극을 구현하기 때문이다.(Rich 1980 : 212)

한나 아렌트가 여성을 '공통세계'에서 배제한다고 할 수 있는가? 또한 그녀가 여성의 문화적 역할이 재생산에 한정되어 있다고 생각한다고 해서 '테이블'[공적 세계]에서 여성들이 차지하는 위치를 부정한다고 할 수 있는가? 1970, 80년대 페미니즘의 핵심 구호는 '사적인 것이 곧 정치적인 것'이었지만, 아렌트 사상의 핵심적 원칙은 이 주장을 부정하는 것처럼 보인다. 또한 인종과 미국의 시민권 운동에 대한 논평은 빠져나오기 어려운 궁지로 그녀를 몰고 간다. 예컨대, 그녀는 『폭력의 세기』에서 1960년대 후반 미국 대학들에 스며든 흑인권리운동의 목적이 "학문적 기준을 저하하는"(CR : 120) 데 있었다고 주장한다. 그러한 의견은 20년 전 『전체주의의 기원』에서 제기한 제국주의적 인종주의 논평보다도 더 큰 불쾌감을 준다.

정신분석

아렌트가 마르크시즘에 대해 보인 다소 모호한 태도와 정신분석에 대한 뚜렷한 적대감은, 그녀의 통찰이 오늘날 가장 흥미롭고 의미 있는 비판적 사상가들의 작업과 어울리지 못하는 결과를 만들었다. 아렌트에게는 정신분석이란 것이 치명적으로 공적 삶과 사적 삶의 경계를 넘어서는 것으로 비쳐졌다. 정신분석은 공적 삶을 개인의 내적이고 심리적인 삶으로 만들고, 치명적으로 행위자와 이야기 화자가 맺은 관계의 균형을 깨뜨린다. 아렌트는 주인공의 심리적 삶을 추측하는 전기의 경우에 특히 더 그러하다고 생각한다. 계몽주의 시대 베를린의 한 유대인 여성인 라헬 바른하겐 Rahel Varnhagen 전기의 서문에서 아렌트는 다음과 같이 기술한다.

나는 작가로서 주인공이 그 자신에 대해 알고 있거나 드러내고 싶어 하는 것 그 이상을 알고자 주인공의 속임수와 열망을 꿰뚫어 보려는 근대적 형식의 무분별한 행동을 의도적으로 피했다. 내가 심층심리학, 정신분석,

필적 관상법 등등의 유사과학적 장치들이라 부르는 것이 바로 이 호기심 지향 범주에 속한다.(RV : 83)

아렌트는 어떤 사람의 삶과 작업을 연구할 때, 그것들을 진단하고 어떤 비밀스러운 일탈에 표시를 해서 공적 주목을 끄는 것이 우리가 할 일은 아니라고 말하는 것 같다. 아렌트에게 사적 삶은, 최소한 공적 영역에 침입하여 '가정'의 관심사와 폭력으로 공적 영역의 자유를 억압하지 않도록 존중받거나 침묵해야 하는 것이다. '진단적' 심리전기 분석에 가한 아렌트의 공격은 정신분석에 대한 그녀의 태도를 공유하는, 동 세대 다른 사상가들의 작업에서도 반복된다. 예컨대 문학비평가 폴 드 만은 장 자크 루소에 대한 공통된 '오독'은 거의 항상, 가장 긍정적인 경우에서조차 마치 저자의 잘못된 어떤 것에 대해 사과하거나 단서를 제공해야만 한다는 듯한 논평가들의 지적 · 도덕적 우월성의 태도에서 기인한다고 기술한다. 이런 유형의 비평가는 "루소가 알고 싶어 하지 않은"(de Man 1983 : 112) 루소에 관한 어떤 것을 알아야 한다고 주장한다. 그러나 아렌트와 폴 드 만 둘 다 정신분석이 달성할 수 있는 것을 바라보는 시각에서 매우 규범적이고 도구적인 관점을 취하고 있다. 아렌트의 경우에 이것은 결국 그녀의 주장을 나쁘게는 구식에다 귀족적인 것으로, 기껏해야 '비정상'과 침묵에 대한 편협함으로 만들어 버린다.

공적 공간

공적 영역의 자유와 위엄에 대한 아렌트의 옹호 역시 꽤 공허해 보일 수 있다. 1962년 위르겐 하버마스는 근대성의 공적 공간에 대한 중요한 연구서 『공론장의 구조 변동Strukturwandel der Öffentlichkeit』을 출판하고 아렌트가 이 연구에 중요한 영향을 끼쳤다고 말한다. 그러나 나중에는 공적 공간에 대한 아렌트의 설명을 극단적으로 형식주의적이고 이상주의적이라고 규정한다.

　나는 오직 한나 아렌트가 채택한 기이한 관점을 지적하려고 한다. 사회적 문제들에 관한 행정상의 과정이 없는 국가, 사회경제적 문제들이 제거된 정치, 공공 재화의 조직에서 벗어난 공적 자유 …… 이 계획은 어떤 근대사회에서도 상상할 수 없는 것이다.(Habermas 1977 : 15)

아렌트에 대해 하버마스가 한 비평의 핵심은, 시민들의 사적 복지와 경제 관리 같은 '사회적' 문제들에 대한 관심이 제거된 아렌트의 정치 개념이 '엘리트주의적'이고, 고대 그리스 문화에 대한 향수를 품은 단적으로 비현실적인 내용이라는 것이다. 아렌트는 항상 근대성의 병폐가 공적 문화의 상실 때문이라고 하지만, 정작 그러한 문화가 수반하는 것이 무엇인지는 분명하게 말하지 않는다. 가족의 생활이 공적 영역의 자유를 상쇄하고자 아버지의 절대적 권위로 지배되는 전제 상황이어야 하는가? 여성은 이 공적 문화에 참여할 수 있는가? 그리고 만약 모든 개인적/심리적 · 경제적 · 사회적 문제들을 포함한 '사적인' 것들이 공적 논의에서 금지되어야 한다면, 도대체 무엇이 공적 토론에 타당한 주제인가?
　아렌트 사상에 대한 이 잠재적 반대들을 고려해 볼 때, 무엇이 요즈음 문학과 문화 연구에서 아렌트에 대한 관심의 증대를 추동하는가 하는 문제는 대답하기 어려워 보인다. 이 질문에 접근하려면 아렌트의 사상에서 한 걸음 물러나 우리 시대의 문화적·정치적 상황을 생각해 보는 것이 좋을 듯하다.

요즈음 '이론의 죽음'에 대한, 그리고 우리가 처한 '탈이론적 상황'에 대한 수많은 저술들이 나오고 있고, 아렌트의 작업에 대한 동시대의 관심은 의심할 여지없이 이러한 배경에서 나온다. 이론의 죽음에 대한 주장들은 거의 항상, 역설적이게도 이론은 여전히 살아 있고, 속편이라는 이상한 또는 기이한 형태 속에 포함되어 있다는 주장으로 이어진다. 테리 이글턴은 『이론 이후』에서 '고급(예컨대, 탈구조주의적) 이론'의 죽음을 선언한 것과 거의 동시에, "만일 이론이 우리의 지배적 가정에 대한 합리적이고 체계적인 반영을 의미한다면 그것은 영원히 필수적인 것으로 남을 것"(Eagleton 2004 : 2)이라고 언명한다. 이글턴 같은 논평가들이 말하는 '이론의 죽음'이 불가피하게 의미하는 바는, 인간성에서 특정한 이론적 행위의 구성 또는 상상의 종말, 즉 프랑스 탈구조주의와 탈근대 철학자들인 자크 데리다, 미셸 푸코, 그리고 그중 가장 영향력 있는 장 프랑수아 리오타르 등의 작업과 밀접하게 연관되어 있다. 아렌트의 죽음이 영어권 세계에서 이 특별한 이론 개념의 창안과 거의 동시에 이루어진 이후, 그녀의 작업은 다른 방법들로 이론을 추구할 수 있는 길을 제공하게 되었다. (동시대에 가장 많은 비평적 주문을 받은) 프랑스 실존주의자 장 폴 사르트르 같은 동 세대의 다른 사람들처럼, 아렌트 역시 기표의 자의성에 대한 탈구조주의 및 탈근대의 정설, 또는 거대 서사에 대한 회의론에 구속당하지 않는 관점에서 이론적 작업을 지속하고 이론적 문제들을 사유할 수 있는 선택권과 가능성, 그리고 그 중요한 패러다임을 제공하는 것처럼 보인다.

리얼리즘

탈근대주의 이후에는 무엇이 오는가? 철학자 크리스토퍼 노리스 Christopher Norris(1947~)와 로이 바스카Roy Bhaskar(1944~) 같은 일부 비평가들의 관점에서 탈-탈근대post-postmodern의 조건은 '비판적 리얼리즘' 시대로 기술될 수 있다. 노리스의 비판적 리얼리즘의 예들은 영미 분석철학의 전통, 특히 힐러리 퍼트넘Hilary Putnam(1926~) 같은 과학철학자들의 작업에서 나온다.(Norris 2002) 아렌트 또한 리얼리즘의 이념에 충실했다.『전체주의의 기원』에서 그녀는 있는 그대로의 현실을 주의 깊게 직시하고 그것에 저항하라고 말한다. 선전과 테러정치의 결합으로 야기된 '만연한 현실의 상실'이 전체주의 운동의 주된 특징이다. 이 현실의 상실이 가져온 주요 증상은 외로움 상태, 즉 의미 있는 인간적 발화와 상호작용에서 연유하는 타인들과의 유대감 및 소속감의 상실이라고 아렌트는 주장한다. 예컨대 아돌프 아이히만은 다른 누군가의 관점에서 체계적으로 사고하지 못했기 때문에 현실을 잃어버렸고, 그것은 결국 비참한, 아렌트가 보기에는 희극적인 결말로 귀결되었다.

그래서 아렌트는 실제 세계를 지키고 그 세계를 인간 연대의 공간으로 이해하려 노력했다. 아렌트는『예루살렘의 아이히만』에서 선보인 불온한 어조, 즉 그것의 어두운 희극, 그리고 아이히만 본인의 사고 행위, 또는 오히려 그의 무사고성에 대한 세심한 주의 등이 자신이 현실을 주의 깊게 직시한 산물이라고 우리가 믿어 주기를 바랐다. 그러나 일부 사람들은 아이히만을 근본악의 형상으로, 제 악을 숨기려 한 공모적 거짓말쟁이로 보는 관점을 포기하지 않으려 했고, 아이히만의 평범성에 대한 아렌트의 결론에 충격을 받고 분개했다. 아렌트는 이들이 전체주의의 의미 파괴가 가진 위력을 직시하길 거부하는 형이상학적 정의 관념에 여전히 속박되어 있다고 여겼다.

감정

우리가 정말로 이렇게까지 아렌트를 따라야 하는가? 결국『예루살렘의 아이히만』과 관련하여 부적절하고 요령부득인 점은 없는가? 그리고 이 요령의 결여가 아렌트의 논의에서 훨씬 더 심각한 문제들을 나타내고 있지는 않은가? 아렌트의 리얼리즘에 대한 훌륭한 비평에서, 비판적 사상가 레이 테라다Rei Terada는『예루살렘의 아이히만』을 프로이트의 유아심리학, 특히 프로이트의 '현실 검사reality testing' 이론에 비춰 다시 읽는다. 테라다에 따르면,『예루살렘의 아이히만』에서 아렌트가 제공한 것은 현실에 대한 주의 깊은 직시가 아닌 현실에 대한 벅찬 승리감이다. 테라다는 아렌트가 친구인 소설가 메리 매카시Mary McCarthy에게 보낸 편지를 인용하는데, 이 편지에서 아렌트는 '기묘한 도취 상태'에서 그 책을 썼다고 고백한다.(Terada 2008 : 96) 테라다는 아렌트와 아이히만 모두 전체주의적 범죄들에 대한 그들의 실제 감정을 인정하지 못함으로써 그 범죄들의 현실을 어떻게 해서든 회피하려 했다고 주장한다. 아이히만은 법정에서 나치 하에서 승진했을 때 느낀 '의기양양한' 감정을 반복해서 말했고, 아렌트는 그가 교수대로 가면서도 여전히 의기양양해 보였다고 기록했다.(EJ : 252) 이와 비슷하게 아렌트는 친구에게 책을 쓰면서 어떤 '도취감'을 경험했다고 고백한다. 테라다는 묻는다. 아렌트도 아이히만도 왜 그들이 목격했거나 묘사한 공포가 그들로 하여금 끔찍함을 느끼게 했다는 것을 인정하지 못하는가? 두 경우 모두 공포를 대면했을 때 느낀 실제 감정의 부정이 기묘한 초월, 즉 슬픔이나 분노가 아닌 오히려 '의기양양함'이나 '도취감'을 유발한다.

테라다의 논의는 아이히만 논쟁이 한창이던 때 게르숍 숄렘Gershom Scholem이 아렌트의 재판 보고서가 '냉정'했다며 그녀에게 퍼부은 비난을 반복한다.(Terada 2008 : 96) 다만, 테라다는 이 비난을 새롭고 이론적으로 세련된 방법으로 표현한다. 이론으로 폭력에 대항하는 진정한 인간 행위의 옹호자는, 제 사고 속에 감정들을 위한 자리를 만들 여유가 없었다. 이러한 독해를 통해 아렌트는 다시 한 번 감정을 내색하지 않고 억압하는 인물로 나타난다.

테라다의 분석은 심리학적 틀을 아렌트 읽기에 적용하여, 결과적으로 아렌트의 작업에 동의하기도 하고 반대하기도 한다. 어쩌면 우리는 아렌트가 무조건 심리학에 적대적이라고 보는 견해를 재고해야 할지도 모른다. 『전체주의의 기원』이 전체주의 현상을 심리학적으로 고찰하는 시도, 예컨대 그 현상을 권위주의적 인격의 권위 발산으로 설명하는 시도에 경멸적 태도를 취한다고 해도, 이 책은 여전히 대안적 형태의 사회심리학을 제안한다. 우리는 이러한 점을 19세기 파리 사람들이 유대인들에게 느낀 복잡한 선망과 혐오에 대한 설명, 특히 제국주의 모험가와 전체주의 지도자의 '매력' 효과에 대한 설명에서 볼 수 있다. 아렌트 작업에서 가장 흥미로운 양상들 중 하나는, 정치 현상에 대한 심리학적이고 감정적인 설명들을 동원했다가 바로 진압해 버린다는 점이다. 아렌트는 여전히 정치적·사회적 현상에 대한 심리학적 설명이 그 현상들 너머의 '숨겨진 의미'를 추정하고 그 과정에서 그 속에 내재한 가장 명백하고 공적으로 알려진 것들을 간과한다며 신용하지 않는다. 이를 아이히만의 경우에 적용하면, 아렌트는 개별적 인간의 말 뒤에 숨겨진 사적인 어떤 것을 추정하여 진단하지 않고, 개별적 인격이, 아이히만 같은 몰개성적 인격이라도 그 자신에 대해 공적으로 말하기를 바란다. 아렌트는 그렇게 할 수 있는 유용한 방법으로 스토리텔링을 생각했다. 아렌트는 아이히만을 설명하면서 다른 종류의 공적 '삶의 이야기'를 이야기하고 싶어 한다. 이 이야기는 법정에서 나타난 아이히만의 (비)인격의 공적 현현에 숨겨진 심리학적 동기들의 징후를 진단하길 거부하지만, 그의 상투적 언어가 아이히만이 실제로 어떤 사람인지를 드러낸다고 추정한다. 다른 형식의 서사에 대한 아렌트의 관심은 최근의 비판적 사상에 결정적으로 영향을 끼치고 있다.

9·11 : 슬픔과 서사

2001년 9월 11일, 미국 세계무역센터와 펜타곤에 대한 공격은 의심할 여지없이 새로운 '탈이론적 이론'의 삶에서 핵심을 이루는 공적 사건이 되었다. 비판적 사상가이자 젠더 이론가인 주디스 버틀러는 『불확실한 삶』에서 9·11 사건이 왜 아프가니스탄과 이라크에 대한 '반동적 침략'으로 나아갔는지 묻고, 정신분석학적 틀을 사용해 그 사건들이 어떻게 다른 결과로 이어졌는지를 생각한다. 버틀러는 이렇게 묻는다. 미국과 미국인들이 그날 겪은 상실과 슬픔의 감정들을, 세계의 다른 사람들과 공유하는 '신체적 취약성'이라는 인간 조건의 기호로 인지했다면 어땠을까? 충격과 슬픔, 상실의 경험들 속에서 복수를 요구하기보다는 오히려 미국의 외교정책의 결과로 다른 어디선가 상실을 경험해 온 타인들과 공유한 어떤 것을 인지하길 선택했다면?

버틀러가 공통된 인간 조건으로 우리가 공유한다고 한 것은 틀림없이 타인의 폭력에 허약하고 취약한 신체적 조건이다. 버틀러는 9 · 11 이후에 그러한 인간 공통의 취약성을 인지하지 못한 이유가 폭력을 겪은 다른 사람들의 인생 이야기들을 들을 수 있는 공적 영역이 존재하지 않았기 때문이라고 주장한다.

공적 영역은 부분적으로 말해질 수 없는 것과 보여질 수 없는 것으로 구성된다. 말할 수 있는 것의 한계, 나타낼 수 있는 것의 한계가 정치적 발화가 작동하고 어떤 종류의 주체들이 확실한 행위자들로 등장하는 범위를 한정한다.(Butler 2004 : xvii)

공적 공간이 공적으로는 나타날 수 없는 것에 의존하고 그것에 의해 한정된다는 가정은 매우 아렌트적인 관점으로 보인다. 버틀러의 발화, 행위 그리고 현현에 대한 관점도 마찬가지다. 그러나 버틀러는 아렌트보다 좀 더 나아가려 한다. 특히 공적으로 나타날 수 있는 것의 한계를 시험하려 한다. 버틀러에게 또 다른 공적 문화의 시험은 9 · 11의 이야기를 다른 방식으로 말하려는 노력을 포함한다. 그러나 버틀러는 단순히 미국의 자업자득이라거나 인과응보라는 식의 견해에 굴복하지 않는, 이 이야기를 말하는 다른 방식을 상상한다는 것이 얼마나 어려운지를 충분히 안다. "그 이야기를 다른 방식으로 말하기 시작한다는 것, 사태가 어떻게 이 지경에 이르렀는지를 묻는다는 것은 의심할 여지없이 도덕적 다의성의 공포를 가져올 행위주체성agency 문제를 복잡하게 하는" 것 같다고 버틀러는 기술한다. 버틀러는 이 도덕적 다의성에서 벗어나려면 "우리가 겪은 폭력 경험으로 이야기를 시작해야 한다"(Butler 2004 : 6)고 말한다. 미국이 희생자라는 느낌을 뒷받침하고자, 그 이야기는 공적으로 생각되도록 하는 종류의 행위주체를 규정한다. 특히 이 행위주체를 공격의 범인들로 제한한다.

> 이야기의 시작을 좀 앞으로 당겨 본다 한들 서사적 선택 범위는 극히 제한적이다. 가령 모하메드 아타 가족[9·11테러의 주범]의 삶이 어땠는지, 그가 소녀 같은 외모 때문에 놀림을 당한 것은 아닌지, 범인들이 함부르크 어디에서 모였는지, 그리고 어떤 심리적 이유에서 세계무역센터로 비행기를 돌진시켰는지를 서술할 뿐이다.(Butler 2004 : 5)

공적으로 허용된 유일한 종류의 9·11 배경 이야기는 이 공격을 한 범인들의 범행 동기가 무엇인가란 질문에 대한 심리학적 추측을 포함한다. 이 일인칭적 행위자 개념의 범위를 넘어 생각하려는 어떤 시도도 도덕적 쟁점을 흐리게 하고 그 공격을 변명해 준다는 이유로 즉각 비난을 받게 된다.

버틀러는 다른 종류의 서사, 즉 이 공격을 부분적으로 미국의 외교정책('도덕적 다의성'으로 나타나는 것)이 야기한 전지구적 조건 탓으로 보지도 않고, 전적으로 자살 공격자들의 주권적 행위 탓으로 여기지도 않는 서사를 상상하려 한다. "개인의 자생적 행위들을 도덕적 추론의 출발점으로 삼는 것은, 어떤 세계가 그런 개인들을 생기게 했는지를 물을 수 있는 가능성을 배제한다."(Butler 2004 : 16) 이러한 제1세계의 희생 이미지 서사는 오히려 전지구적 조건이란 맥락에서 재구성되어야 한다.

2001년 10월 29일 필리핀의 아료요 대통령이 '(테러리즘) 최상의 온상은 빈곤'이라고 언급하거나, 아룬다티 로이[인도의 여성 작가]가 빈 라덴은 '미국의 외교정책으로 인한 쓰레기 더미 속 비쩍 마른 갈비뼈로 조각되어' 왔다고 주장할 때, 그것은 엄밀히 인과적 설명이라 하기 어려운 관점을 제공한다. …… 정말로 그 둘 다 땅과 뼈라는 비유를 사용하여 엄격한 인과적 틀에 우선하고 그것을 넘어서는 종류의 발생을 나타낸다. 그들 모두 원인이 아니라 조건을 지적한다. …… 조건들은 개별 행위주체들이 하는 방식으로 '행위'하지 않지만, 어떤 행위주체도 조건들 없이는 행동하지 않는다. 조건들은 우리가 행하는 것 속에 전제되어 있지만, 마치 조건들이 우리를 대신해 행하는 것인 양 그것들을 의인화하는 것은 잘못이다.(Butler 2004 : 10-11)

버틀러가 그 이야기, 즉 9 · 11 사건을 말하는 방식은 그것을 테러리스트들의 주권적 행위의 직접적 결과로 설명하지도 않고, 젊은이들을 그 세계의 지배 권력에 대항하는 그러한 급진적 폭력적 행동을 취하도록 이끈 끔찍한 불평등 세계의 자동적 결과로 둘러대지도 않는다. 오히려 버틀러는 그 행위자들이 자신들이 한 행위에 책임을 지고 있고, 그들의 행위가 부분적으로 그들이 태어난 세계에 의해 조건 지어졌음을 다 보여 주려고 한다. 행위주체성에 대한 인과적 설명에서 비켜 설 수 있는 문학적 서사의 힘은 버틀러(그리고 그녀에 앞서 아룬다티 로이와 필리핀 대통령)로 하여금 행위와 조건의 관계를 다른 방식으로 상상할 수 있게 한다. 버틀러는 개별적 행위자가 완전히 책임을 떠안은 행위가 여전히 전 지구적 조건들로 규정될 수도 있음을 제시하고자, 행위주체성과 개인적 책임에 대한 우리의 관념을 재사고하려 한다. 버틀러는 행위와 조건의 이러한 관계가 스토리텔링이 제공하는 비유적 토대로 포착될 수 있음을 보여 준다. 사회적 요소들이 전체주의 속에 '결정화'되는 것에 대한 아렌트의 설명처럼, 9·11에 대한 버틀러의 설명에서 타인들의 행위를 의미 있는 방식으로 이해할 수 있는 것은 역사의 인과적 틀이라기보다는 오히려 서사의 힘이다.

생명정치와 벌거벗은 생명

버틀러의 논의는 슬퍼할 수 있고 이야기의 주체가 될 수 있는 생명(9·11의 희생자)과 공적으로 나타날 수 없는 종류의 생명(죽은 이라크 또는 아프가니스탄 어린이)의 구분을 극복하려는 시도에 해당한다. 버틀러의 작업은 생명이 무엇인지에 대한 사법적 이해와 규정에 대한 훨씬 더 큰 동시대적 관심, 그리고 생명에 대한 그 같은 사법적 이해가 어떻게 국가권력과 연결되어 있는지를 보여 주는 하나의 예이다. 이탈리아의 정치이론가 조르조 아감벤Giorgio Agamben은 『호모 사케르 : 주권 권력과 벌거벗은 생명Homo Sacer : Il potere soverano e la vita nuda』(1995)에서 "오늘날 정치는 생명을 제외하고는 그 어떤 가치도(따라서 결과적으로는 그 어떤 비-가치도) 알지 못한다"(Agamben 1998 : 10)고 기술한다. 아감벤은 생명에 대한 이러한 정치적 집착을 미셸 푸코를 따라 '생명정치biopolitics'라고 명명한다. 그러면서 푸코와 아렌트가 "근대로 진입하면서 자연적 생명이 국가 권력의 메커니즘과 계산법에 포함되기 시작했고 정치가 생명정치로 바뀌었음"(Agamben 1998 : 3)을 처음으로 보여 주었다고 말한다.

'정치적 경제'처럼 생명정치는 고전적 정치 전통 속에서는 상호 배타적인 것으로 규정된 두 가지 것들을 연결한, 일종의 모순어법이다. 아리스토텔레스 이후로 정치 영역은 벌거벗은 생명을 가리키는 그리스 용어 '조에zoē'에 포함된 생명의 생물학적 필연성을 공적 관심 영역에서 배제해 왔다. 푸코의 생명정치 개념은 근대성이 생명과 정치 사이의 고전적 구분을 지워 버림으로써 규정되고, 그것에 따라 정치 영역이 점점 더 생명 경영에 몰두하게 되었음을 보여 준다. 아감벤은 생명정치에 대한 푸코의 작업을 발전시켜 그것을 근대사회에 대한 아렌트 비평과의 대화에 적용한다. 이 대화 속에서 아우슈비츠의 가스실에서 절정에 이른, '자연'이 '문화' 속으로 점진적으로 침입한 이야기를 말한다. 아감벤은 노동과 소비의 생물학적 생명 과정이 정치적 무대를 지배하게 되었고, 그래서 정치가 거꾸로 제 목적을 그 생명 과정의 보호로 재규정하게 된 공간으로 근대 세계를 보는 아렌트의 비평을 공유한다.

아감벤은 아렌트를 넘어서서 근대 정치에서 생명의 가치에 대한 공공연한 몰두는 정치가 그 시작부터 비밀스럽게 '벌거벗은 생명bare life'의 지배에 의존해 온 방식, 그 실상을 드러낸다고 주장한다. 아감벤에 따르면, 생명정치의 현실을 이해하는 것은, 아리스토텔레스 이래로 정치는 신체적 조건에서 분리되어야 한다고 주장되어 왔다고 해도, 정치의 중심은 늘 살아 있음의 순전히 즉각적인 물리적·자연적 조건에 몰두해 왔음을 인지한다는 것을 뜻한다. '생명'을 정치적 관심에서 공공연히 배제하는 것은 생명의 정치적 위상을 불명료하게 만드는 데 기여해 왔다. 이 정도로, 벌거벗은 생명은 "가정과 도시 사이의 비인간의 땅에 거주한다".(Agamben 1998 : 90) 가정(oikos)과 도시(polis) 간 경계의 소멸은 '벌거벗은 생명'을 외부의 법으로부터 보호해 주지 못한 채 주권 권력에 직접적으로 종속시키는 결과를 가져왔다. 벌거벗은 생명과 주권의 이 직접적 대면은, 벌거벗은 생명이 어느 순간에 주권 권력에 의해 파괴될 수 있음을 의미한다.

아감벤의 중심적이고 역설적인 주장은, 인간 생명의 사실을 자의식적으로 하나의 가치로 제시하는 정치가 실제로는 순전히 자의적 방식으로 생명을 제거할 수 있는 권력을 제 자신에게 부여한다는 것이다. 그는 집단수용소를 이 절대적 굴복이 발생하는 생명정치 권력의 최고 현장으로 이해한다. 집단수용소들은 "근대성의 정치적 공간의 숨겨진 패러다임"(Agamben 1998 : 123)이다. 그러나 아감벤에 따르면, 정치에서 '벌거벗은 생명'의 중심성은 전체주의 정권에만 국한된 것이 아니다. 그것은 또한 자유민주주의의 기초를 세우기도 한다. 이는 아렌트의 논의에서는 잃어버린 현실의 환영 세계에서 국가법 외부에 또는 그 너머에 있는 집단수용소 희생 경험이, 아감벤에게는 법의 본질과 관련된다는 것을 의미한다. 이것이 아감벤이 궁극적으로 아렌트의 논의를 변경하는 방식이다. 아감벤에게는 인간 생명에 대한 법 적용이, 점차 완전한 지배로서 이해되는 권력 행사이다. 앙드레 두아르테André Duarte가 아렌트와 아감벤을 다룬 에세이에서 주장한 것처럼 "정치가 생명정치로서, 즉 국가의 노동하는 동물로서의 인간의 생명과 행복을 증진하는 일로서 이해될 때, 국민국가는 …… 폭력적이고 잔인해진다."(King & Stone 2007 : 198)

아감벤은 이 논리를 아렌트의 상이한 논의 속에 기입하는데, 특히 『인간의 조건』과 『전체주의의 기원』의 논의들을 함께 접합한다. 벌거벗은 생명의 한 가지 예는 신생아이다. 아렌트에게 신생아는 새로운 시작의 가능성, 즉 자유에 기초한 새로운 행위 정치의 토대를 상징하지만, 아감벤에게는 모든 권리를 빼앗기고 주권 권력에 노출된, 벌거벗은, 완전히 취약한 인간성을 상징한다. 신생아는 법 바깥에 또는 법의 문지방에 서 있다는 점에서 예외적인 것처럼 보이지만, 사실 폭력적 정치적 주권의 직접적 권력에 종속된 취약한 정치적 주체이다. 마찬가지로 아감벤은 집단수용소를 인류 역사상 가장 절대적인 생명정치적 공간, 권력이 아무런 매개 없이 순전히 생물학적 생명과 대면한 공간으로 바라본다. 『전체주의의 기원』에서 아렌트는 때때로 자유민주주의가 기본적으로 전체주의의 다른 형태라는, 다른 비판적 이론가들 사이에 인기 있는 관념을 드러낸다. 예를 들어, 광고 기법은 전체주의 정권의 선전 기법과 비교된다.(OT3 : 43) 그러나 아렌트는 결코 이 생각을 계속 밀고 나갈 준비가 되어 있지 않았다. 그 이유는 한편으로는 이런 생각들이 전체주의 현상을 지나치게 심리학적으로 고찰하는 것처럼 보이기 때문이고, 다른 한편으로는 미국혁명으로 실현되고 미국헌법에 규정된 자유민주주의의 기본 원칙에 대한 충성 때문이다. 그러나 아감벤은 포로수용소가 인간 조건의 '비인간 조건conditio inhumana'으로의 전도라고 주장하면서 이 논리를 개진한다.

240

윤리

아렌트가 전체주의를 '유럽 역사의 숨은 흐름'(OT1 : xi), 서구 정치 전통으로부터의 일탈로 이해하는 반면, 아감벤이 보기에 나치의 생명정치적 정권 논리는 서구 전통 속에 줄곧 존재해 왔다. 아렌트를 읽을 때에는 이처럼 그의 주장에 동의하는 한편으로 저항하는 독해를 해야 한다. 왜냐하면 관타나모 만에 있는 미국 감옥 같은 동시대의 생명정치적 현상은, 주권국가가 '벌거벗은 생명'에게 가하는 폭력이 예외가 아니라 오히려 규칙이 되고 있음을 보여 주기 때문이다. 자유민주주의를 이해하려는 아렌트 비평의 또 다른 확장은 슬라보예 지젝의 저서 『폭력이란 무엇인가Violence』(2008)에서 발견된다. 특히 지젝은 스토리텔링을 행위의 의미 있는 표현으로 이해하는 아렌트의 관점에 대한 생산적 전도를 제공한다. 이 책에서 지젝은 아렌트 사상을 인도하는 안과 밖, 공과 사의 이항 대립을 뒤집는다. 아렌트는 스토리텔링에 담기는 자아의 공적 표현은 자아의 내적 자기 이해가 아닌 실제 의미를 구성한다고 보았다. 이것이 아렌트가 정신분석에 그토록 적대적이었던 이유이다. 이와 반대로 지젝은, 우리가 우리 자신에 대해 말하는 이야기들은 무한한 자기기만의 가능성을 보여 준다고 본다. 그는 스탈린의 협력자들 중 한 명인 라브렌티 베리아의 아들이 쓴 회고록을 인용한다. 이 회고록에서 라브렌티 베리아의 아들은 "그의 아버지를 단지 스탈린의 명령을 따랐을 뿐이고 비밀리에 그 피해를 줄이고자 노력한 따뜻한 가장"으로 묘사한다.

우리 내적 삶의 경험, 우리가 하고 있는 것을 설명하고자 자신에 대해서 자신에게 하는 이야기는 근본적으로 거짓말이다. 진실은 외부에, 즉 우리

가 하고 있는 것 속에 있다.(Žižek 2008 : 40)

이것은 스토리텔링과 행위 의미 사이의 분리를 주장하는 것이다. 지젝
은 이 분리를 대량학살과 전체주의 같은 '예외'에만 국한된 것으로 보지
않고 자유민주주의의 중심 원리로 이해한다. 지젝이 보기에, 자유주의
사회에서 우리가 우리 자신에 대해 자신에게 하는 이야기는 자신은 관
대하고 자유주의적이라는 것이다. 그러나 동시대의 지정학적 경험 현실
은 우리가 바라는 대로는 될 수 없는 어떤 '타인', 우리의 자비와 관용의
대상에게 얼마나 적대적인지를 잘 보여 준다. 우리는 모두 어떤 의미에
서 잠재적인 (또는 실제적인) '아이히만'이다. 지젝은 이렇게 묻는다. "그
같은 맹목성, 보기를 거부하는 그 같은 폭력적 배제적 태도, 그 같은 현
실 부정……이 '모든' 윤리적 자세의 가장 내밀한 구성 요소라고 한다면
어떻게 될까?"(Žižek 2008 : 44) 이 주장에 따르면, 사회적 행위는 그 행위
를 뒷받침하는 윤리적 실재를 망각하라고 요구한다. 도살장에서 벌어지
는 일을 안다면 아무도 돼지갈비를 먹지 못할 것이라고 지젝은 말한다.
그 같은 현실 부재는 전체주의의 결정적 특징이라기보다는 오히려 소위
자유주의 사회의 결정적 특징이다.

아렌트 이후 아렌트와 관련하여 진행된 가장 흥미로운 작업은, 아렌
트를 동원하여 (탈)전체주의 세계에서의 윤리 규범을 재사고하는 것이
다. 이러한 노력에는 특히 우리 자신을 윤리적·감정적 존재로 보는 사
고와 관련하여 실재 문제를 사유하는 것이 포함된다. 아렌트 이후로 비
판적 이론가들에게 폭력은, 이미 그녀가 주장한 대로 권력, 그것의 사
적 얼굴, 정치로부터의 일탈과 다르지 않은 서구 자유주의 정치의 핵심

적 본질이다. 내가 강조하려는 것은, 이러한 비평들이 아렌트와 함께 그리고 그녀와는 달리 작업한다는 점이다. 이 비평들은 아렌트가 서구 자유주의 정치 전통의 어떤 국면에 대한 이해에서 더 나아가려 하지 않은, 그러나 똑같이 그것들 또한 아렌트와 함께하지 않는 한 결코 갈 수 없는 지점까지 그녀를 급진화시킨다. 아감벤은 아렌트의 작업이 "오늘날조차도 지속되지 못한 채 남겨져 있"고(Agamben 1998 : 4), 오직 우리의 정치 경험에서 벌거벗은 생명의 구조적 중심성을 살펴보아야만 "대부분은 이미 고안되어 있는, 새로운 정치를 향한 길을 개척하는 것"(Agamben 1998 : 11)이 가능해질 것이라고 말한다. 이것은 아렌트 속에 함축되어 있지만 그녀 본인은 정면으로 다루기를 원하지 않은 어떤 것의 급진화로 해석될 수도 있다. 그러나 새로운 정치에 대한 요구, 집단수용소 경험과 그것이 재현하는 것을 극복하지 않는 한 정치는 존재할 수 없다는 주장은 결정적으로 아렌트 덕에 가능해졌다.

아렌트는 오늘날의 정치적 위기, 새로운 어둠의 시대에 긴요한 인물이다. 우리가 겨우 목숨을 부지하고 살아가는 어둠의 시대에, 벌거벗은 생명은 전 세계적으로 점점 더 불안하고 기묘한 공적 형태로 야수가 되어가고 있다. 새로운 정치에 대한 아렌트의 요구가 지금보다 더 절박해 보인 적은 없었다.

아렌트의 모든 것

■ 한나 아렌트의 저작들

입문서

Arendt, Hannah (1983) *Men in Dark Times*, San Diego, CA and New York : Harcout Brace & Co.(『어두운 시대의 사람들』)

20세기 주요 인물들을 다룬 이 에세이집은 예리하고 통찰력 있는 아렌트의 면목을 이해하기 쉽게 보여 준다.

Arendt, Hannah (2006) 'What is Freedom?' and 'What is Authority?', in Jerome Kohn (ed.) *Between Past and Future : Eight Exercises in Political Thought*, London : Penguin.(『과거와 미래 사이』)

비록 난해하긴 해도, 이 두 에세이는 아렌트 사상의 핵심 개념, 더 나아가 사상 전반을 이해하는 지름길을 제공한다. 특히 「권위란 무엇인가?」는 아렌트가 정치에 어떤 식으로 접근했는지 그 근본적인 접근법을 사유하는 데 유용하다. 소위 좌파 정치와 우파 정치 사이의 거짓 선택에 대한 거부가 담겨 있다.

Arendt, Hannah (2004) 'On the Nature of Totalitarianism : An Essay in Understanding', in Jerome Kohn (ed.) *Essays in Understanding 1930-1954 : Formation, Exile and Totalitarianism*, New York : Schocken Books.

아렌트는 저널리즘적 다작 작가였다. 아렌트 연구자라면 반드시 관심을 갖는 핵심 텍스트들이다.(다음 목록 참조) 『*Essays in Understanding 1930-1954*』는 이

전 편집본에 미수록되고 번역되지 않은 아렌트의 에세이들을 모아 최근 제롬 콘이 편집하여 출간한 네 권 중 첫째 권이다. 이 책들은 모두 아렌트에게 관심 있는 이들에게 훌륭한 자료를 제공한다. 상당한 분량임에도 불구하고 주제별로 잘 정리되어 있다. 다른 편집본들은 다음과 같다.

Arendt, Hannah, ed. Jerome Kohn (2005) *Responsibility and Judgment*, New York : Schocken Books.

Arendt, Hannah, ed. Jerome Kohn (2007) *The Promise of Politics*, New York : Schocken Books.(『정치의 약속』)

Arendt, Hannah, ed. Jerome Kohn and Ron H. Feldman (2007) *The Jewish Writings*, New York : Schocken Books.

문학비평가로서의 아렌트

Arendt, Hannah, ed. Susannah Young-Ah Gottlieb (2007) *Reflections on Literature and Culture*, Stanford : Stanford University Press.
다른 책에 실린 발췌문과 에세이들을 포함하여 문학과 문화에 대한 아렌트의 글들을 모두 수록했다. 연대기적인 구성으로 아렌트의 사유 전반을 가로지르는 예술 사상의 흐름을 보여 준다. 또한 이 책에는 아렌트의 예술문화관을 탁월하게 소개한 에세이가 실려 있다.

주요 저작

Arendt, Hannah, ed. Ronald Beiner (1892) *Lectures on Kant's Political Philosophy*, Chicago : University of Chicago Press.(『칸트 정치철학 강의』)

Arendt, Hannah (1998) *The Human Condition*, Chicago : University of Chicago Press.(『인간의 조건』)

Arendt, Hannah, ed. Samantha Power (2006) *The Origins of Totalitarianism*, New York : Schocken Books.(『전체주의의 기원』)
가장 최근에 단행본으로 나온 아렌트의 초기 고전적 텍스트 편집본. 서문에서 파워는 아렌트의 전체주의 이론을 동시대의 '테러와의 전쟁'과 연관시킨다.

이 세 권은 아렌트 저작들 가운데 가장 많이 인용되고, 아렌트가 이해하는 근대성의 이야기를 이해하는 데에도 적합하다. 특히 아렌트가 한 칸트 강의의 시카고판에는 편집자 로널드 베이너가 쓴 유용한 해설 논문이 수록되어 있다. 이 논문은 특히 아렌트의 전체주의 연구와 칸트의 판단이론 사이의 연관성을 강조한다.

Arendt, Hannah (1994) *Eichmann in Jerusalem: A Report on the Banality of Evil*, Harmondsworth : Penguin.(『예루살렘의 아이히만』)
아렌트의 저작 가운데 가장 유명하고 논쟁을 불러일으키는 저서.

편지

Arendt, Hannah, ed. Carol Brightman (1995) *Between Friends : The Correspondence of Hannah Arendt and Mary McCarthy 1949-1975*, London : Secker & Warburg.

Arendt, Hannah, ed. Ursula Ludz (2003) *Letters : 1925-1975, Hannah Arendt and Martin Heidegger*, New York : Harcourt.
이 편지 모음집은 의심할 여지없이 아렌트의 삶과 시대에 대한 풍부한 맥락을 제공한다.

■한나 아렌트에 대한 저작들

입문서

Benhabib, Seyla (1996) *The Reluctant Modernism of Hannah Arendt*, London and New Delhi : Sage.
벤하비브는 『인간의 조건』보다는 『전체주의의 기원』을 아렌트의 핵심 텍스트로 평가한다. 그러면서 아렌트의 사상과 하버마스를 융화시키고, 아렌트의 사회 비판을 액면 그대로 받아들여서는 안 된다고 주장한다. 이 책에는 또한 아렌트와 하이데거에 대한 매우 통찰력 있는 장이 있다. 그러나 이 책은 이스라엘에 대한 아렌트의 공격과 관련해 이스라엘 정부를 옹호하려 한다는 점에서 약간 시대착오적이다. 벤하비브의 책이 출판되고 10여 년이 지나면서 이스라엘에 대한 아렌트의 태도가 점점 더 예지적으로 보이게 되었다. 이 책에는 또한 아렌트와 스토리텔링을 다룬 탁월한 장이 수록돼 있는데, 『어두운 시대의 사람들*Men in*

Dark Times』에 수록된 발터 벤야민에 대한 아렌트의 에세이를 가지고 분석했다.

Canovan, Margaret (1992) *Hannah Arendt : A Reinterpretation of Her Political Thought*, Cambridge : Cambridge University Press.

캐노번은 광범위한 기록 자료, 특히 카를 마르크스에 대한 원고를 가지고 『전체주의의 기원』과 『인간의 조건』의 연관성, 특히 두 저서가 다른 저서의 주장을 전제로 한다는 점을 규명한다. 일반적으로 아렌트에 대한 방대하고 면밀한 학술적 설명이자, 있는 그대로의 아렌트 사상을 한 권의 책에 담은 가장 훌륭한 입문서.

Young-Bruehl, Elisabeth (2006) *Why Arendt Matters*, New Haven and London : Yale University Press.(『아렌트 읽기』)

아렌트의 용서 취급법을 남아프리카공화국의 진실화해위원회와 관련시켜 흥미롭게 논평한다. 하지만 아렌트의 텍스트들을 상세히 다루지 않은 채 20세기 전체주의와 알 카에다 사이의 다소 미심쩍은 유비를 이끌어 내고 있다.

전기

Kristeva, Julia (2001) *Hannah Arendt*, trans. Ross Guberman, New York : Columbia University Press.

유명한 프랑스 페미니스트가 출간한 전기 3부작 『위대한 여성 : 삶, 광기, 말 *Female Genius : Life, Madness, Words*』중 첫째 권. 정신분석과 페미니즘에 대한 아렌트의 적대감을 염두에 두고, 이 저명한 페미니스트이자 정신분석가가 아렌트를 어떻게 보는지 살피는 것도 흥미롭다. 크리스테바는 개인주의적이고 낭만적인 자신의 천재성 개념을 아렌트에게 적용하는 데 약간 어려움을 겪는다. 그럼에도 불구하고, 아렌트의 서사 개념에 초점을 맞춰 아렌트 사상에 대한 흥미로운 견해를 보여 준다.

Young-Bruehl, Elisabeth (2004) *Hannah Arendt : For the Love of the World* (2nd edn), New Haven and London : Yale University Press.(『한나 아렌트 전기 : 세계 사랑을 위하여』)

결정적인 아렌트 전기. 아렌트의 사상뿐 아니라 인생사에 대한 깊은 통찰을 농밀하게 진술했다. 저자는 아렌트의 사적인 글에 접근할 수 있는 몇 안 되는 사람들 중 한 명이었다. 이 전기가 1982년에 처음 출판되면서 아렌트와 하이데거 사이에 있었던 일들이 처음으로 공개되었다.

논문집

Hill, Melvyn (ed.) (1979) *Hannah Arendt : Recovery of the Public World*, New York : St Martin's Press.

아렌트에 관한 가장 오래되고, 어떤 면에서는 가장 훌륭한 논문집. 아렌트가 생존할 당시, 그리고 『정신의 삶』과 『칸트 정치철학 강의』가 출판되기 전에 아렌트 관련 연구 논문들을 모두 모아 엮은 논문집이다. 아렌트와 마르크스의 관계, 스토리텔링 용법에 대한 탁월한 에세이, 그리고 다른 비판적 사상 '학파'로부터의 아렌트의 독립에 대한 매우 강경한 주장이 수록되어 있다.

Honig, Bonnie (ed.) (1995) *Feminist Interpretations of Hannah Arendt*, University Park : Penn State University Press.

아렌트와 페미니즘의 관계가 그리 편치 않기는 하지만, 이 논문집은 아렌트의 핵심 개념들 중 노동, 출생, 수행성 등을 사용하여 페미니즘 정치의 가능성을 적극 모색한다. 그리고 이런 모색은 여러 논문 속에서 성공적으로 수행된다. 아렌트에 대한 페미니즘적 독해와 관련한, 주해가 달린 유용한 참고문헌 목록이 포함되어 있다.

King, Richard H. and Stone, Dan (eds) (2007) *Hannah Arendt and the Uses of History : Imperialism, Nation, Race and Genocide*, New York and Oxford : Berghahn Books.

정치철학에 집중된 아렌트 독해에서 벗어나 역사가로서의 아렌트에 초점을 맞추는 논문 모음집.『전체주의의 기원』을 다룬 논문들은 아렌트 사상의 특정 국면들을 독창적인 방식으로 적용한다. 아렌트의 개념을 끌어다가 1990년대 유고슬라비아 전쟁을 사유하는 식이다. 이 시리즈의 서문과 여러 편의 논문들은 아렌트에 대한 더 '공명정대한' 정치철학적 독해들로 무시되었던 동시대인들의 작업, 예컨대 에이메 세제르Aimé Césaire와 에마뉘엘 레비나스Emmanuel Levinas의 작업 속에 아렌트를 위치시킨다. 이 책에 수록된 많은 논문들이 아렌트의 작업을 동시대의 전지구적 상황을 사유하는 발판으로 취한다. 그녀의 사상에 대한 면밀한 설명보다는 아렌트를 사안별로 이용한다는 느낌이 들 정도로.

Villa, Dana (ed.) (2002) *The Cambridge Companion to Hannah Arendt*, Cambridge : Cambridge University Press.

판단, 전체주의, 자유와 정치 같은 아렌트 사상의 상이한 영역들을 다룬 유용한 논문 선집. 각 영역에서 정평이 난 수많은 학자들이 참여했다.

문학비평

Cavarrero, Adriana (2000) *Relating Narratives : Storytelling and Selfhood*, trans.
Paul A. Kottman, London : Routledge.
아렌트의 서사 이론 관점에서 이루어진 첫 연구로서, 아렌트의 스토리텔링 개
념을 실제로 어떻게 적용하는지 보여 준다.

Wilkinson, Lynn R. (2004) 'Hannah Arendt and Isak Dinesen : Between
Storytelling and Theory', *Camparative Literature* 56(1) : 77-98.
아렌트의 스토리텔링 이론에 대한 유용한 논문.

아렌트의 정치사상 연구

Bernstein, Richard J. (1996) *Hannah Arendt and the Jewish Question*,
Cambridge : Polity Press.
아렌트의 주요 정치적 관념이 그녀가 유대인으로서 겪은 정치적 경험, 유대인
문제에 대한 초기 사유로까지 거슬러 올라간다고 주장한다.

Disch, Lisa (1996) *Hannah Arendt and the Limits of Philosophy*, Ithaca : Cornell
University Press.
아렌트의 행위 이론에 나타난 윤리적 차원(우애와 용서)에 우호적인 태도를 취
하며, 복수적 인간사 세계에서 물러나기보다는 오히려 그 안에 포함되는 '진실
한' 입장을 확립하는 데 스토리텔링이 담당하는 역할을 많이 다룬다.

Passerin d'Entrèves, Maurizio (1994) *The Political Philosophy of Hannah Arendt*,

London and New York : Routledge.

아렌트 정치사상에 대한 탁월하고 명쾌한 입문서. 행위와 판단 같은 주제를 다룬 유용한 장이 수록되어 있다. 이 책은 엘리트주의라는 아렌트 비판에 맞서 아렌트 작업의 민주주의적 요소들을 강조한다. 스토리텔링 문제를 매우 훌륭하게 다룬 부분들이 몇 군데 있다.

Kateb, George (1984) *Hannah Arendt : Politics, Conscience, Evil*, Oxford : Martin Robertson.

아렌트의 정치적 행위 이론을 철저하게 파고든 연구. 아렌트의 주장과 전체주의적 이데올로기 사이에 어떤 균형이 존재한다는 다소 논란의 여지가 있는 주장을 제기한다.

Parekh, Bikhu (1981) *Hannah Arendt and the Search for a New Political Philosophy*, Basingstoke : Macmillan.

아렌트와 정치철학의 관계에 대한 훌륭한 개요, 그리고 현상학적 배경 및 아렌트에게 영향을 준 사상들을 요약 소개한다. 다소 반복적이고 특정 논의들을 그 맥락에서 추상화하는 경향이 있다. 그럼에도 불구하고 정치 이론의 관점에서 아렌트를 보려면 반드시 읽어야 할 책.

Villa, Dana (1995) *Arendt and Heidegger : The Fate of the Political*, Princeton : Princeton University Press.

아렌트와 하이데거 사상의 관계에 관심 있는 사람이라면 반드시 읽어야 할 철저한 연구서. 둘의 관계는 책의 후반부에 나온다. 전반부에서는 아렌트를 '신아리스토텔레스주의자'라고 평하는 (하버마스 등이 언급한) 주장에 얽매이지 않고 아렌트와 아리스토텔레스 사상의 관계를 풀어 낸다.

저널

Hannah Arendt Newsletter

아렌트의 작업을 숙고하는 조나단 리Jonathan Rée 같은 철학자 및 이론가들의 논문이 가끔씩 실린다. 맨 아래의 웹사이트 참조.

학술지《사회연구*Social Research*》는 그동안 네 차례에 걸쳐 아렌트 헌정판을 편집했다. 아렌트의 죽음 직후인 1977년(44(1)), 1990년(57(1)), 『전체주의의 기원』 출간 50주년을 기념하여 2002년(69(2)). 2007년에는 아렌트의 탄생 100주년을 기념하여 두 호에 걸쳐서 헌정판을 발행했다. 여기에는 검증된 아렌트 연구자들의 매우 귀중한 논문들이 실려 있다.

기타

Lyotard, Jean-François (1993) 'The Survivor', in Robert Harvey and Mark S. Robert (eds), *Toward the Postmodern*, New Jersey : Humanities Press.

저명한 탈근대주의 철학자의 아렌트 사유를 접할 수 있는 기회.

웹사이트

www.hannaharendt.net

아렌트에 관한 새로운 자료들을 업데이트하고, 아렌트 관련 작업을 논평하는 유용한 웹사이트. '한나 아렌트 뉴스레터'와 링크되어 있고, 심지어 프랑스어 유튜브에서 시청할 수 있는 아렌트와의 인터뷰까지 올라와 있다.

■ 참고문헌

[　] 안은 초판 출간 연도.

Adorno, Theodor (2003[1951]) 'Cultural Criticism and Society', in Neil
　　Levi and Michael Rothberg (eds) *The Holocaust : Theoretical Readings*,
　　New Brunswick : Rutgers University Press, pp. 280-81.
Agamben, Giorgio (1998) *Homo Sacer : Sovereign Power and Bare Life*,
　　trans. Daniel Heller-Roazen, Stanford : Stanford University Press.
Althusser, Louis (2001[1969]) 'Ideology Ideological State Apparatus(Notes
　　Towards an Investigation)', *in Lenin and Philosophy and Other Essays*,
　　trans. Ben Brewster, New York : Monthly Review Press, pp.85-126.
Arendt, Hannah (1972) *Crises of the Republic*, Harmondsworth : Penguin.
＿＿＿, (1981[1971]) *The Life of the Mind*, San Diego, CA and New
　　York : Harcourt Brace.
＿＿＿, (1983) *Men in Dark Times*, San Diego, CA and New York :
　　Harcourt Brace.
＿＿＿, (1985[1951]) *The Origins of Totalitarianism*, 3 vols, San Diego, CA
　　and New York : Harcourt Brace.
＿＿＿, (1990[1963]) *On Revolution*, Harmondsworth : Penguin.
＿＿＿, (1990) 'Philosophy and Politics', *Social Research* 57 : 1, pp. 73-
　　103.
＿＿＿, (1992) *Lectures on Kant's Political Philosophy*, Ronald Beiner (ed.),
　　Chicago : University of Chicago Press.
＿＿＿, (1994[1963] *Eichmann in Jerusalem : A Report on the Banality of
　　Evil*, Harmondsworth : Penguin.
＿＿＿, (1997) *Rahel Varnhage : The Life of a Jewess*, Liliane Weissberg
　　(ed.), Baltimore and London : Johns Hopkins University Press.
＿＿＿, (1998[1958]) *The Human Condition*, Chicago : University of

Chicago Press.

_____, (2005) *Essays in Understanding 1930-1954 : Formation, Exile, and Totalitarianism*, Jerome Kohn (ed.), New York : Schocken Books.

_____, (2006) *Between Past and Future : Eight Exercises in Political Thought*, Jerome Kohn (ed.), London : Penguin.

_____, (2006[1951]) *The Origins of Totalitarianism*, Samantha Power (ed.), New York : Schocken Books.

_____, (2007a) *The Jewish Writings*, Jerome Kohn and Ron H. Feldman (eds), New York : Schocken Books.

_____, (2007b) *Reflections on Literature and Culture*, Susannah Young–Ah Gottlieb (ed.), Stanford : Stanford University Press.

Barthes, Roland (2001[1967]) 'The Death of the Author', in Vincent B. Leitch et al. (eds), *The Norton Anthology of Theory and Criticism*, New York, London : W. W. Norton & Co, pp. 1466-70.

Benhabib, Seyla (1996) *The Reluctant Modernism of Hannah Arendt*, London, New Delhi : Sage

Benjamin, Walter (1992[1950]) 'Theses on the Philosophy of History', in Hannah Arendt (ed.) *Illuminations*, London : Fontana, pp. 245-55.

Bernstein, Richard J. (1996) *Hannah Arendt and the Jewish Question*, Cambridge : Polity Press.

Bromwich, David (1998) *Disowned by Memory : Wordsworth's Poetry of the 1790s*, Chicago and London : University of Chicago Press.

Burke, Edmund (1999[1790]) *Reflections on the Revolution in France*, in Isaac Kramnick (ed.), The Portable Edmund Burke, London : Penguin.

Butler, Judith (2004) *Precarious Life : The Powers of Mourning and Violence*, London and New York : Verso.

Canovan, Margaret (1992) *Hannah Arendt : A Reinterpretation of Her Political Thought*, Cambridge : Cambridge University Press.

Carey, John (1992) *The Intellectuals and the Masses : Pride and Prejudice among the Literary Intelligentsia, 1880-1939*, London : Faber and Faber.

Caygill, Howard (1989) *Art of Judgement*, Oxford : Basil Blackwell.

Ceserani, David (2007) *Becoming Eichmann: Rethinking the Life, Crimes and Trial of Desk Murdrer*, New York, Cambridge MA : Da Capo Press.

Chrisman, Laura and Williams, Patrick (eds) (1994) *Colonial Discourse and Post-Colonial Theory : A Reader*, New York : Columbia University Press.

Coetzee, J.M. (2004) *Elizabeth Costello*, London : Vintage.

Conrad, Joseph (2000[1902]) *Heart of Darkness*, Robert Hampson (ed.), London : Penguin.

de Man, Paul (1983) *Blindness and Insight : Essays in the Rhetoric of Contemporary Criticism* (2nd edn), Wlad Godrich (ed.), London : Routledge.

Derrida, Jacques (1978) 'Structure, Sign and Play in the Discourse of the Human Sciences', in *Writing and Difference*, trans. Alan Bass, London : Routledge.

Duarte, André (2007) 'Hannah Arendt, Biopolitics, and the Problem of Violence', in Richard H. King and Dan Stone (eds), *Hannah Arendt and the Uses of History : Imperialism, Nation, Race, and Genocide*, New York and Oxford : Berghahn Books, pp. 191-204.

Eagleton, Terry (1990) *The Ideology of the Aesthetic*, Oxford : Blackwell.

_____, (2004) *After Theory*, London : Penguin.

Eliot, T.S. (1990[1922]) 'The Waste Land', in *The Waste Land and Other Poems*, London : Faber.

Fanon, Frantz (1991[1951]) *Black Skin/White Masks*, London : Pluto Press.

Foucault, Michel (1980) *Power/Knowledge : Selected Interviews and Other Writings 1972-1977*, Colin Gordon (ed.), Brighton : Harvester.

Habermas, Jürgen (1977) 'Hannah Arendt's Communications Concept of Power's, *Social Research* 44(1) : 3-24.

Heidegger, Martin (1967[1927]) *Being and Time*, trans. John Macquarrie and Edward Robinson, Oxford : Basil Blackwell.

_____, (1993[1950]) 'The Origin of the Work of Art', in David Farrell Krell (ed.) *Basic Writings : Martin Heidegger*, London : Routledge.

Hinchman, L.P. and Hinchman, S.K. (1984) 'In Heidegger's Shadow : Hannah Arendt's Phenomenological Humanism', *Review of Politics* 46 : 183-211.

Joyce, James (1996[1916]) *A Portrait of the Artist as a Young Man*, London : Penguin.

_____, (1998[1922]) *Ulysses*, Jeri Johnson (ed.), London : Penguin.

Kant, Immanuel (1987 [1790]) *Critique of Judgement*, Werner S. Pluhar (ed.), Indianapolis : Hackett Publishing co.

Kateb, George (1984) *Hannah Arendt : Politics, Conscience, Evil*, Oxford : Martin Robertson.

Kohn, Jerome (2002) 'Arendt's Concept and Description of Totalitarianism', *Social Research* 69(2) : 621–56.

Levi, Primo (1987[1947]) *If This is a Man : The Truce*, trans, Stuart Woolf, London : Abacus.

McGann, Jerome (1983) *The Romantic Ideology : A Critical Investigation*, Chicago : University of Chicago Press.

_____, (1987) *Social Values and Poetic Acts : The Historical Judgment of Literary Work*, Cambridge, MA : Harvard University Press.

Marx, Karl (1963[1852]) *The Eighteenth Brumaire of Louis Bonaparte*, New York : International Publishers.

_____, (1997[1843]) 'On the Jewish Question', in Loyd D. Easton and Kurt H. Guddat (eds), *Writings of the Young Marx on Philosophy and Society*, Indianapolis and London : Hackett Publishing Co.

Melville, Herman (1993) *Billy Budd and Other Stories*, Robert Lee (ed.), London, Vermont : Everyman.

Munzel, G. Felicitas (1999) *Kant's Conception of Moral Character : The "Critical" Link of Morality, Anthropology, and Reflective Judgment*, Chicago : University of Chicago Press.

Norris, Christopher (2002) *Hilary Putnam : Realism, Reason and the Uses of Uncertainty*, Manchester : Manchester University Press.

Orwell, George (1983[1949]) *1984*, in *The Penguin Complete Novels of George Orwell*, Harmondsworth : Penguin.

_____, (2003[1946]) 'The Prevention of Literature', in *Shooting an Elephant and Other Essays*, London : Penguin.

Plato (1991) *The Republic* (2nd edn), Allan Bloom (ed.), New York : Basic

Books.

Rich, Adrienne (1980) *On Lies, Secrets and Silence : Selected Prose 1966-1978*, London : Virago.

Robin, Corey (2007) 'Dragon Slayers', *London Review of Books*, 4 January : 18-20.

Rousseau, Jean-Jacques (1987[1762]) *On the Social Contract,* trans. Donald A. Cress, Indianapolis : Hackett Publishing Co.

Said, Edward (1993) *Culture and Imperialism*, London : Chatto & Windus.

Sebald, W.G. (2001) *Austerlitz*, London : Penguin.

Stein, Gertrud (1922) 'Sacred Emily', in *Geography and Plays*, Boston : The Four Seas Company.

Terada, Rei (2008) 'Thinking for Oneself : Realism and Defiance in Arendt', *Textual Practice* 22(1) : 85-111.

Villa, Dana (1996) *Arendt and Heidegger : The Fate of the Political,* Princeton : Princeton University Press.

Woolf, Virginia (2000[1925]) *Mrs Dalloway*, Elaine Showalter (ed.), Penguin : London.

Wordsworth, William (1963[1802]) 'Preface to Lyrical Ballads', in William Wordsworth and S.T. Coleridge, *Lyrical Ballads*, R.L. Brett and A.L. Jones (eds), London : Methuen.

_____, (1970[1805]) *The Prelude : The 1805 Text*, Ernest de Selincourt (ed.), Oxford : Oxford University Press.

Young-Bruehl, Elisabeth (2004) *Hannah Arendt : For Love of the World* (2nd edn), New Haven, CT and London : Yale University Press.

_____, (2006) *Why Arendt Matters*, New Haven, CT : Yale University Press.

Žižek, Slavoj (2008) *Violence*, London : Profile Books.

스토리텔링 한나 아렌트

2011년 8월 21일 초판 1쇄 발행
2024년 9월 10일   3쇄 발행

지은이 | 사이먼 스위프트
옮긴이 | 이부순
펴낸이 | 노경인 김주영

펴낸곳 | 도서출판 앨피
출판등록 | 2004년 11월 23일
주소 | (10545) 경기도 고양시 덕양구 향동로 218(향동동, 현대테라타워DMC) B동 942호
전화 | (02)710-5526   팩스 | 0505-115-0525
블로그 | bolg.naver.com/lpbook12

전자우편 | lpbook12@naver.com

ISBN 978-89-92151-36-8